Die Bhagavad Gita

Das Hohe Lied

Enthaltend die Lehre der Unsterblichkeit

Mein Dank geht an Peter Windsheimer für das Design des Titelbildes. Des Weiteren an Ariane und Michael Sauter.

Für Schäden, die durch falsches Herangehen an die Übungen an Körper, Seele und Geist entstehen könnten, übernehmen Verlag und Autor keine Haftung.

Copyright © 2016 by Christof Uiberreiter Verlag
Waltrop • Germany

Herstellung und Verlag:
BoD – Books on Demand, Norderstedt
ISBN 978-3-7412-1033-4

Alle Rechte, auch die fotomechanische Wiedergabe (einschließlich Fotokopie) oder der Speicherung auf elektronischen Systemen, vorbehalten
All rights reserved

Vorrede:

Die Erkenntnislehre der Bhagavad Gita

„Keiner sei gleich dem anderen, doch gleich sei jeder dem Höchsten. Wie das zu machen? Es sei jeder vollendet in sich."

Es gibt wohl kein Buch in der Welt, das bei allen, die es kennen, in so hohem Ansehen steht als die Bhagavad Gita, das Lied von der Gottheit, enthaltend die Lehre von der menschlichen Vollkommenheit im göttlichen Dasein. Auch hat noch jeder, der den Geist des wahren Christentums begriffen hat, dieses Buch als unübertrefflich erkannt. Unter anderen sagt Wilhelm von Humboldt, dass er Gott danke, weil Er ihn habe lange genug leben lassen, um dieses Werk kennen zu lernen. Je öfter man es liest, um so mehr fühlt man sich erhoben zu den Regionen des Lichtes der Wahrheit; je mehr man in den Geist dieser Lehre eindringt, um so mehr nähert man sich der Erkenntnis des göttlichen Grundes alles Daseins bis zu einer Tiefe, die der nur oberflächlichen, äußerlichen Naturforschung, die sich ja nur im Reiche der Erscheinungen bewegen kann, ein unerforschliches Geheimnis bleibt.

Im Lichte der Bhagavad Gita betrachtet, erscheint uns die Welt als etwas ganz Anderes und viel Erhabeneres, als wenn wir sie nur vom materiell-wissenschaftlichen Standpunkte betrachten. Da sehen wir statt des leblosen Raumes einen Weltenraum voll Licht und Leben; da fassen wir die Natur nicht mehr als ein zusammengesetztes Stückwerk von lebenden und leblosen Dingen auf, sondern erkennen sie als eine Einheit, als einen allesumfassenden Organismus von unsichtbaren Kräften, ein lebendiges All, vom göttlichen Geiste, der in allen Dingen nach Offenbarwerden strebt, durchdrungen, und wir erkennen den Menschen selbst als ein überirdisches Wesen, an einen irdischen Körper gebunden, dessen Konstitution sich im Laufe der Evolution zu jener Vollkommenheit entwickelt hat, die nötig war, um sie zum Innewohnen des himmlischen Geistes tauglich zu machen und den Menschen zu befähigen, schließlich die Gottheit selbst als den Grund seines eigenen wahren Wesens und als die ewige Ursache seines Daseins zu erkennen. Mit dem Erwachen dieses Bewusstseins erlangt aber auch sein Leben einen ganz anderen und vorher nicht begreifbaren Zweck. Er findet, dass weder der Besitz äußerlicher Dinge, noch die Belustigung seiner Sinne, noch die Befriedigung seiner wissenschaftlichen Neugierde, sondern vielmehr die Erkenntnis des göttlichen Daseins und das dadurch bedingte Bewusstwerden seiner Unsterblichkeit der wahre Zweck seines Daseins ist. Wird ihm das innere Auge des Geistes durch das Verständnis der Lehren der Bhagavad Gita eröffnet, so findet er, dass, ebenso wie sein irdisches Wesen zu allen anderen Wesen auf Erden in Beziehung steht, sein geistiges Wesen mit den Bewohnern des Reiches der Geister verkehren kann. Er findet, dass er tatsächlich schon jetzt im Himmel ist, weil der „Himmel" oder die „Überwelt" die der äußeren Natur und allen ihren Geschöpfen zu Grunde liegende geistige Wesenheit ist, und ohne das Vorhandensein der Seele auch keine Offenbarung derselben in sichtbaren Formen stattfinden könnte. Durch das Erwachen der innerlichen Erkenntnis reicht er hinaus über den Bereich der Theorie und wird durch die eigene Erfahrung belehrt. Der in ihm zum Selbstbewusstsein erwachte göttliche Geist erkennt sein eigenes geistiges Wesen und damit auch die übersinnliche Welt des Geistes, die seine Heimat ist.

Aber dieses Erwachen des Geistes wird nicht ohne schwere Kämpfe errungen. Wohl dringt das göttliche Licht der Wahrheit in die Seele des Menschen ein, ohne dass er dabei dem Lichte behilflich sein kann; aber es stellen sich diesem Eindringen eine Menge Hindernisse in der Form von Begierden und Leidenschaften, falschen Vorstellungen und verkehrten Anschauungen in den Weg, und die Bhagavad Gita lehrt, was diese Feinde sind und wie sie überwunden werden können. In ihr wird der Kampf zwischen dem unsterblichen und dem sterblichen Teile des Menschen geschildert und der Weg zum Siege des Göttlichen über das Tierische im Menschen gezeigt.

Ardschuna (der Mensch) befindet sich auf dem Schlachtfelde (dem Felde der Tat, das das irdische Leben ist) zwischen zwei feindlichen Heeren, wovon das eine die höheren (Pandavas), das andere die niederen Seelenkräfte (Kurus) bedeutet. Da steht der Sohn Kuntis (der Seele) gegenüber seinen Verwandten, den Söhnen Dhritaraschtras (das materielle Dasein) und wird von der Selbstsucht, dem Eigenwillen, dem Eigendünkel, dem Selbstwahne und seinen Begierden, Lust, Leidenschaft, Hass, Zorn usw. bedroht. Aber auch auf seiner Seite stehen mächtige Krieger. Da ist vor allem er selbst, der Wille zum Guten, die Ergebung (Yudhistira); die Liebe zur Wahrheit, das höhere Selbstbewusstsein (Gottvertrauen), die Kraft der Überzeugung (Glaube), Erhabenheit, Pflichtgefühl, Beständigkeit, Aufrichtigkeit, Gerechtigkeitsgefühl, Selbst- beherrschung usw.. Ardschuna erkennt, dass die Feinde, die er bekämpfen soll, wenn nicht sein eigenes Selbst, so doch seine „nächsten Verwandten, Freunde und Lehrer" (denn auch die Leidenschaften belehren den Menschen) und somit Teile seines Selbstes sind. Da entsinkt ihm der Mut zum Kämpfen und er lässt seinen Bogen (den Willen) fallen.

Nun erscheint Krischna, der dem Menschen innewohnende und ihn „beschattende" göttliche Mensch und belehrt Ardschuna über die wahre Natur des Menschen und seine Stellung zu Gott. Er erklärt ihm, dass das, was der persönliche Mensch für sein Selbst hält, nur eine Täuschung ist; dass alle aus dieser Täuschung entspringenden Zustände, Begierden und Leidenschaften auch nur vorübergehende Erscheinungen sind, und dass der Mensch dadurch zur Erlösung kommt, dass er sie überwindet und sich mit Gott, dem unsterblichen Sein aller Wesen, vereint. Die Bhagavad Gita lehrt somit die höchste von allen Wissenschaften, die Vereinigung des Menschen mit Gott (Yoga) und den Weg zur Unsterblichkeit.

Wie alle heiligen und wahrhaft religiösen Dinge, wenn sie von dem Standpunkte des gemeinen, tierischen und beschränkten Verstandes betrachtet und oberflächlich beurteilt werden, dadurch in das Reich der Gemeinheit, des Unverstandes und Irrtumes herabgezogen und verkehrt aufgefasst werden, so erging es auch vielfach der Bhagavad Gita in den Händen der Sprachforscher und Buchgelehrten. Äußerlich und oberflächlich betrachtet stellt sie eine Episode während eines Kampfes dar, der in der Mahabharata, einem Teile der Veden, beschrieben wird. Das Alter der in den Veden niedergelegten Lehre wird nach den in demselben enthaltenen astrologischen Angaben auf mindestens 25.000 Jahre geschätzt, und die Gelehrten unter den Brahminen sind ebenso uneinig darüber, um welche Zeit der Kampf zwischen den Kurus und Pandavas stattgefunden habe, als die Theologen des Mittelalters darüber uneinig waren, um welche Zeit Adam in den „Apfel" gebissen hätte, wo das „Paradies" gelegen habe usw.. Eine Verständigung über diese für uns höchst uninteressante Angelegenheit können wir getrost den Philologen, Theologen und Geschichtsforschern überlassen; wir haben es nicht mit leeren Worten und Formen, sondern mit dem Geiste der in den Veden enthaltenen Lehren zu tun, der der Geist der Wahrheit und folglich ja auch der Geist des wahren

Christentum ist. Die Erhabenheit dieser Lehren fängt jetzt auch an in Europa allgemein anerkannt zu werden. Sie versetzten sogar den griesgrämigen und verbitterten A. Schopenhauer in eine gewisse Begeisterung, denn als er sie teilweise in einer persisch-lateinischen Übersetzung, genannt das „Oupnek´- hat", d. h. „das zu bewahrende Geheimnis", kennen gelernt hatte, schrieb er folgendes:
„Wie wird doch der, dem durch fleißiges Lesen das Persisch-Latein dieses unvergleichlichen Buches geläufig geworden ist, von jenem Geiste (der Veden) im Innersten ergriffen! Wie ist doch jede Zeile so voll ernster, bestimmter und durchgängig zusammenströmender Bedeutung! Aus jeder Zeile treten uns tiefe, ursprüngliche, erhabene Gedanken entgegen, während ein hoher und heiliger Ernst über dem Ganzen schwebt. Alles atmet hier indische Luft und ursprüngliches, naturverwandtes Dasein. Und, o wie wird hier der Geist reingewaschen von all dem früh eingeimpften jüdischen Aberglauben und allen diesem fröhnenden Philosophien! Es ist die belehrendste und erhabenste Lektüre, die (den Urtext ausgenommen) auf der Welt, möglich ist; sie ist der Trost meines Lebens gewesen, und wird der meines Sterbens sein" (Aus `Parerga´).
Der Umstand, dass das lange Gespräch zwischen Krischna und Ardschuna beim Beginne des Kampfes auf dem Schlachtfelde stattfindet, was doch wahrlich kein Ort für ausgedehnte philosophische Diskussionen ist, und dass „die Hauptstadt Hastinapura" das Himmelreich bedeutet, hätte wohl, so sollte man glauben, gewisse gelehrte Ausleger der Bhagavad Gita auf den Gedanken bringen können, dass es sich hier, wie ja auch in der Bibel und in anderen Schriften mystischer Natur, um geistige Dinge und nicht um alleinstehende historische Ereignisse handelt, wenn sie auch in der Form von Erzählungen dargestellt sind, um die darin enthaltene Wahrheit dem Verständnisse näher zu bringen. Es ist da nicht von Dingen, die einmal geschehen sind und jetzt der Vergangenheit angehören, die Rede, sondern von der fortwährenden Wirkung der Gesetze des Geistes in der Natur. Wie nicht nur einmal ein Baum gewachsen ist, sondern fortwährend Bäume wachsen, so wiederholt sich auch die Schlacht zwischen den Kurus und Pandavas beständig in jedem einzelnen Menschen, der nach geistiger Entfaltung strebt, und auch im Leben der Menschheit als Ganzes, deren Entwicklung ja das Resultat der Summe der Entwicklung aller Einzelnen ist. Desgleichen findet auch das große Werk der Erlösung, das ja ein innerliches sein muss, wenn es den inneren Menschen erlösen soll, fortwährend statt. Jetzt sowohl als vor Millionen von Jahren, als die

menschliche Form genug entwickelt war, um das Licht des göttlichen Gedankens zu empfangen, strömt das geistige Licht in ihn ein, und so oft der Mensch zu dessen Bewusstsein gelangt, wird in ihm der Erlöser, die Erkenntnis seines göttlichen Daseins, geboren. Das haben auch die christlichen Heiligen und Mystiker gewusst und bekannt, und die christliche Lehre von der geistigen Wiedergeburt des Menschen ist nichts anderes als die Lehre von dem Wiedererwachen des Gottesbewusstseins im Menschen, so wie es im „Neuen Testament" sinnbildlich dargestellt ist. Jeder ist selbst Ardschuna; jeder hat selbst einen „Schlachtwagen", d. h. seine mit mystischen Kräften begabte Natur, und in ihm hat auch sein geistiger Führer (Krischna) einen Sitz und erteilt dem irdischen Menschen seine Ratschläge. Wird der Mensch in seinem Bewusstsein Eins mit dem Erlöser, der in ihm seine Wohnung hat, so sind Ardschuna und Krischna, Adam und Christus, Eins in dieser Vereinigung und der „Schlacht- wagen" wird zum Tempel des Geistes Gottes, der in uns wohnt; denn Ardschuna ist der irdische, denkende Mensch, Krischna der erkennende Gottmensch, „der andere Mensch, dem Himmel entstammend", der im irdischen Menschen und auch über ihm wohnt; und nur durch die Vereinigung mit dem Gottmenschen, der das Wahre und Wirkliche ist, kann der irdische Mensch zur Verwirklichung des Idealen, zur Vollkommenheit und Erlösung von Irrtum und Sünde gelangen.

Dieser Kampf zwischen der göttlichen und tierisch-intellektuellen Menschennatur ist in allen großen Religions- systemen sinnbildlich dargestellt. Im Christentume z. B. als der Kampf zwischen dem Erzengel Michael (dem Höheren Selbste) und dem Drachen (dem Repräsentanten des Irdischen Selbstes) dessen Rachen die Habsucht, dessen Atem die Leidenschaft und dessen Flügel Eigenwille und Größenwahn sind. In jedem Wesen ringt das Licht mit der Dunkelheit; in jeder Form strebt der Geist Gottes in der Natur nach Offenbarung; aber erst im Menschen findet er einen Gehilfen, der ihm mit Bewusstsein und Intelligenz beistehen kann, das Dunkel und den Irrtum zu überwinden.

Der Schlüssel zum Verständnisse der Bhagavad Gita wie auch der Bibel und anderer theosophischer Schriften ist die Erkenntnis der zweifachen Menschennatur und die Fähigkeit, das Unsterbliche im Menschen von dem, was in ihm sterblich ist, zu unterscheiden, und die Bhagavad Gita lehrt uns, wie diese hohe Erkenntnis und Unterscheidung erlangt werden kann. Mit einem bloß theoretischen Wissen in Bezug auf die zweifache Natur des Menschen oder mit einem blind- gläubigen Fürwahrhalten dieser Lehre ist nicht viel gedient, denn weder in dem einen noch in dem anderen besteht die wahre Erkenntnis, die nur durch die Erfahrung erlangt werden kann. Eine, wenn auch nur theoretische Kenntnis dieser Lehre ist unzweifelhaft von großem Werte, weil sie den Menschen veranlassen kann, selbst nach der ihm innewohnenden höheren Kraft zu suchen: Wie aber das Studium eines Weges auf der Landkarte erst dann einen wirklichen Zweck hat, wenn davon Gebrauch gemacht wird, und wie wir den Weg erst dann richtig kennen lernen, wenn wir ihn selber gehen; oder wie das Studium einer Speisekarte uns nicht satt machen kann, wenn wir nichts von dem, was darauf bezeichnet ist, zu essen bekommen, so erfüllt auch das Studium der Bhagavad Gita erst dann seinen Zweck, wenn die darin angegebenen Lehren im alltäglichen Leben befolgt und ausgeübt werden. Wir können auch von äußerlichen Dingen, die wir niemals wahrgenommen haben, keine andere als eine bloß theoretische Kenntnis, die ja nur in unserer eigenen Vorstellung besteht, haben, und diese Kenntnis ist unvollkommen, solange sie nicht durch die eigene Erfahrung bestätigt wird. Ebenso ist es im Geistigen. Die wahre Erkenntnis besteht nicht darin, dass man weiß, was in der Bhagavad Gita oder in der Bibel steht, sondern sie besteht in einem Erwachen des Geistes, wodurch das Wahre selbst im Menschen offenbar und zu einem Teile seines Wesens wird. Erst dadurch wird er sich ihrer selbst bewusst. In jedem Menschen ist ein Funke der göttlichen Selbsterkenntnis enthalten, er ist „der Same des unsterblichen Daseins" der, von der Flamme der göttlichen Liebe ergriffen, zum Lichte wird, in dem alles Dünken und Wähnen und Meinen verschwindet und die ewige Wirklichkeit in ihrer Herrlichkeit offenbar wird. Man muss selbst Ardschuna sein und den Kampf mit dem eigenen Selbstwahne, dem eigenen Eigen- dünkel, den eigenen Vorurteilen, Begierden, Leidenschaften und Irrtümern aufnehmen, um zu wissen, was dieser Kampf bedeutet, man muss die Gegenwart von Krischna in sich selber empfunden haben, um sie zu begreifen, und sich dem Höheren Selbste genähert haben, um zu ahnen, was die Vereinigung von Gott und dem Menschen ist. Was nützt es mir, wenn ich in der Bibel lese, dass jemand gesagt haben soll: „Ich bin der Weg, die Wahrheit und das Leben"; oder wenn ich weiß, dass in der Bhagavad Gita steht: „Ich bin in allen Dingen das Höchste. Ich bin das Licht in allen Dingen, die Licht haben. Ich bin der Ursprung von allem. Ich bin der Anfang, die Mitte und das Ende" u. s. f., wenn ich nicht weiß und erkenne, was dieses „Ich", das in allem und folglich auch in mir selbst das Licht, die Wahrheit und das Höchste, mein Anfang und mein Ende ist, bedeutet und es als etwas mir Fremdes und Unhaltbares betrachten. Allerdings werde ich dieses mein göttliches Ich niemals finden, solange ich es nur außer mir und nicht auch in mir selbst suche; denn Gott kann weder durch das Fernrohr noch durch das Mikroskop gefunden werden; wer aber sein wahres göttliches Ich, das Ich aller Wesen, in sich selbst gefunden hat, der erkennt Es auch in allem. „Wer Gott in sich selbst und in allem erkennt, der ist der richtige Seher". Der Weg zu dieser Erkenntnis wird in der Bhagavad Gita gelehrt. Er ist der Weg der Wahrheit und führt uns aus den Mauern der Täuschungen, von denen wir umgeben sind, zum unsterblichen Dasein in der unvergänglichen Wirklichkeit. Er führt uns alle zum Ziele, vorausgesetzt, dass wir ihn wirklich betreten und uns nicht nur in unserer Phantasie darauf ergehen.

Die Wahrheit ist die Wirklichkeit, alles andere ist vergänglicher Schein. Die Wahrheit ist unvergänglich; deshalb kann auch das, was in uns wirklich ist, nicht vergehen; während das, was in uns nicht wahr und nicht ewig ist, dem Untergange verfällt. Auch erlangt das, was in uns ewig und unsterblich ist, erst dann für uns einen wirklichen Wert, wenn wir es erkennen; denn auch die Materie, aus der ein Stein oder ein Stück Holz besteht, ist unsterblich, es geht von ihr nichts aus dem Weltall verloren. Aber eine Unsterblichkeit, deren man sich nicht **bewusst** ist, wäre ebenso sinnlos als der Besitz eines Reichtumes, von dem man nichts weiß.

„Aber", so werden manche sagen, „wir finden den Weg zur Erlösung bereits in der Bibel angegeben. Wozu bedürfen wir der Schriften der indischen Weisens?" — Wer den geheimen Sinn der Bibel versteht, der hat weder die Bibel noch die Bhagavad Gita mehr nötig, wer ihn aber nicht versteht, dem dient gerade die Bhagavad Gita dazu, ihn kennen zu lernen. Wir verachten die Bibel nicht, sondern schätzen sie umso mehr, als sie, insofern sie richtig übersetzt ist, zum größten Teile eine Wiedergabe der in den indischen Veden vorhandenen Lehren enthält, allein es fehlt darin die Auseinandersetzung der wissenschaftlichen Begründung, die in den Veden zu finden ist. Die Bibel war ursprünglich für die Eingeweihten geschrieben, d. h. für die, welche die Allgegen- wart des göttlichen Geistes in sich selbst empfanden und erkannten und deshalb keiner anderen Beweise für dessen Vorhandensein bedurften. Als aber die Bibel Gemeingut wurde und der Schlüssel zu ihren heiligen Geheimnissen unter den Unheiligen verloren ging, da bemächtigte sich auch ihrer der Unverstand, eine Verblendung durch den Buchstaben trat an die Stelle der Erkenntnis des Geistes und hatte verkehrte Auslegungen zur Folge, die, wie bekannt, zu den größten

Verirrungen der Menschheit führten. Deshalb sehen wir auch heute noch, dass es trotz allem sogenannten Religionsunterrichte der „Religion" an einer vernünftigen Grundlage fehlt und dass sie vielfach in Schwärmerei und Aberglauben ausartet, während es der Philosophie und besonders der medizinischen „Wissenschaft" an der notwendigsten Grundlage alles wahren Wissens mangelt, die aus der Selbsterkenntnis der ewigen Wahrheit entspringt, die nur durch die Kraft der über allen Egoismus erhabenen, allesumfassenden Liebe erlangt werden kann, weil ohne diese Erhebung die Wissenschaft nicht aus dem Kreise ihrer Beschränktheit und Kurzsichtigkeit heraustreten und sich zu der geistigen Größe entfalten kann, die nötig ist, um zu der höheren Weltanschauung zu gelangen, die das Weltall als ein Ganzes, die Einheit des Wesens von allen Dingen und den innigen Zusammenhang aller Geschöpfe untereinander erkennt.

Der erleuchtete Mystiker Thomas von Kempen sagt: „Wohl dem, den die Weisheit selber belehrt, nicht durch vergängliche Worte, sondern so, wie sie ihrem Wesen nach ist". Solche gibt es nur wenige, aber es sind viele, die der reinen Erkenntnis fällig sind und nur deshalb nicht zu ihr kommen können, weil ihnen die Welt des Irrtumes die Augen voll Sand gestreut hat und sie ihn sich nicht selbst auswischen können. Für solche ist die Bhagavad Gita geschrieben. Glücklich ist der, der bereits so von der Kraft des Glaubens durchdrungen ist und dessen Seele so fest in der Erkenntnis der Wahrheit Wurzel gefasst hat, dass er keiner wissenschaftlichen Stütze bedarf, um sich daran zu halten; aber viele bedürfen dieser Stütze, so wie ein junger Baum einer Stütze bedarf, um nicht vom Sturmwinde niedergerissen zu werden. Vielerlei sind die Feinde, die das Erwachen der Seele des Menschen verhindern. Wohl dem, der sie und ihren Ursprung kennt. Es ist leicht zu predigen: „Bezähme deine Begierden, liebe Gott, überwinde dich selbst", aber dieser Rat ist schwer zu befolgen für den, der die Natur seiner Begierden nicht kennt, und nicht weiß, weshalb er sie nicht befriedigen soll, der nicht weiß, wo er Gott finden kann, und mit dem Wesen des „Selbstes", das er überwinden soll, nicht vertraut ist. Um sich selbst und seine Natur zu beherrschen, ist es gut, sie erst kennen zu lernen. Wird das „Selbst" einmal in Wahrheit als Täuschung erkannt, so ist es auch schon überwunden. Um Gott zu lieben, muss man Ihn erkennen, und wer kann in Wahrheit das lieben, von dessen Dasein er nichts empfindet und nichts weiß? Um seine Natur zu beherrschen und sie sich zu Diensten zu machen, ist es zweckmäßig, ihre Gesetze kennen zu lernen und zu wissen, welche Stellung der Mensch im Weltall einnehmen kann und soll. Diese heilige Wissenschaft ist es, die in den Veden enthalten ist und diesen den Vorrang gibt über andere „heilige Schriften", in denen diese Lehre nur stückweise und hinter Parabeln und Allegorien verborgen gefunden werden kann.

Es handelt sich vor allem darum, einen richtigen Begriff von dem innerlichen Wesen des Menschen und der Natur zu erlangen, und dass das nicht auf dem Wege der äußerlichen Beobachtung erreicht werden kann, versteht sich von selbst. Innerliche Wahrheiten können nicht durch die äußerlichen Sinne erkannt werden, und Schlussfolgerungen aus solchen Beobachtungen bleiben immer zweifelhafter Natur. Die Wahrheit dagegen bedarf keines anderen Beweises als Ihre Erkenntnis, und solange wir nicht selbst zu dieser Erkenntnis gekommen sind, ist es von größtem Wert, die Lehren der Weisen, die die Wahrheit erkannt haben, zu beherzigen, um so mehr, wenn sie uns den Weg zeigen, wie wir selbst zu dieser Erkenntnis gelangen können, die das Endziel des menschlichen Daseins ist.

Der Zweck des vorliegenden Werkes ist nun kein anderer, als das deutsche Publikum auf die Lehren der Bhagavad Gita und der Veden aufmerksam zu machen, nachdem diese wichtigen Werke bisher nur Gelehrten, Sprachforschern und „Orientalisten", die wohl seine Worte lesen, aber nur wenig von dem Geiste der Lehre erfassen konnten, zugänglich waren. Aus diesem Grunde macht dieses Buch auch keinen Anspruch auf pedantische Genauigkeit in der Übersetzung der Worte, sondern es war dem Übersetzer vielmehr darum zu tun, den Sinn der Bhagavad Gita in einer verständlichen Form wiederzugeben, als sich den Beifall der Buchstaben- gelehrten und Philologen zu erwerben. Um aber dem Vorurteile zu begegnen, dass diese „heidnischen Lehren" dem Christentume widersprächen, haben wir denselben ähnlich lautende Zitate christlicher Mystiker und einige erklärende Anmerkungen beigefügt, die außerdem noch dazu dienen können, den Sinn des Textes verständlich zu machen.

Dass das Werk nicht vollkommen und nicht fehlerfrei ist, davon ist niemand mehr überzeugt als der Verfasser selbst. Inwiefern es ihm aber gelungen ist, die ihm gestellte Aufgabe zu erfüllen, das zu beurteilen, muss den überlassen bleiben, die darüber zu urteilen fähig sind.

FRANZ HARTMANN

Möge das Göttliche Licht dem andächtigen Leser nahe sein,
ihn erleuchten, ihn Beleben.

ERSTER GESANG

EINLEITUNG

Dieses Kapitel schildert den Kampf zwischen dem „Guten" und dem „Bösen", der aus dem Zwiespalte der Natur sowohl im einzelnen Menschen als auch im Weltall als Ganzes stattfindet. Ardschuna — der irdische Mensch — ist in seinem Niederen Selbst, der vergänglichen Persönlichkeit, umgeben von einem Heere von Täuschungen, die er überwinden muss, um zur Erkenntnis seines Nichtselbstes, der Höheren Natur, der Individualität, die ewig bleibt, zu gelangen. Da ihm aber viele dieser Täuschungen (Nichtexistenzen) lieb geworden sind, da er eng an sie gebunden ist, so fällt es ihm schwer, gegen sie zu kämpfen.

AUM

Dhritaraschtra (spricht):[1])

1 Berichte, Wagenlenker, was geschah,
als auf dem heil'gen Felde Kurukschetra[2])
die Schar der Unsern und die Pandavas[3])
zur Schlacht bereit, sich gegenüberstanden.[4])

Sandschaya[5])

2 Als Prinz Duryodhana[6]) der Feinde Menge,

---

[1]) *Dhritaraschtra - Der blinde Herrscher.*
[2]) *Kurukschetra - Das Feld der Ehre - Das menschliche Dasein.*
[3]) *Pandu - Weißlich, gelblich, bleich.*
[4]) *Die Sage, der die Beschreibung dieser Schlacht zu Grunde liegt, geht dahin, dass zwischen den Abkömmlingen von Kuru, den Kurus und Pandavas ein Kampf um den Besitz des Königreiches Hastinapura stattgefunden habe. Die beiden Armeen trafen sich auf der »heiligen Ebene« (im »gelobten Lande«), dem »ehemaligen Besitztume der Weisen« (Rischis). Diese Fabel entspricht der Sage vom »Sündenfall«, durch den der Mensch seine ursprüngliche Reinheit und das Bewusstsein seiner göttlichen Seele verlor, und die er sich wieder erkämpfen muss, wenn er das himmlische Paradies, das Land der Weisheit wieder erobern will.*
[5]) *Sandschaya - Der Siegreiche.*
[6]) *Duryodhana - Schwer zu bekämpfen.*

die Pandavas erblickte, hub er an, zu Drohna[1])
sprechend:
3 Sieh´, o edler Guru[2]), der Krieger Reihen.
Groß ist Pandu´s Heer, vom Sohne   Drupada´s[3])
befehligt,
der dein Schüler in der Kriegskunst war.
4 Da stehen viel´ Helden, die gleich Bhima[4]) und
Ardschuna[5]) in Bogenkunst bewandert sind:
Virata[6]), Jujudhana[7]), der tapfere Drupada,
stolz aufgerichtet in den Schlachtenwagen.
5 Drischtaketa[8]), Tschekitana[9]), Kasi´s[10]) Herr,
Purudschit[11]), Kuntibodscha[12]), Tschaivya[13]),

---

[1]) *Drohna - Die Form, das Gefäß.*
[2]) *Guru - Meister, Lehrer.*
[3]) *Drupada - Holzfuß.*
[4]) *Bhima - Furchtbar, schrecklich. (Der Eigenwille.)*
[5]) *Ardschuna - Weiß, licht.*
[6]) *Virata - Der Herrschaft kundig.*
[7]) *Jujudhana - Kämpfer.*
[8]) *Drischtaketa - Kühnes Banner.*
[9]) *Tschekitana - Der Wissende.*
[10]) *Kasi - Geschlossene Hand.*
[11]) *Purudschit - Der viele besiegt hat.*
[12]) *Kuntibodscha - Herrscher der Kuntis.*
[13]) *Tschaivya - König der Schivis.*

6 nebst Judhamanyu[1]), ferner Uttamandschas[2]),
Subhadra´s[3]) Sohn, Drupada´s Söhne,
alle in prächtigen Schlachtwagen, wohlbewehrt.
7 Doch auch mit uns, o bester der Brahminen,
sind große Helden, edle Weltbeherrscher,
ich will sie nennen.
8 Sieh! da bist du selbst;
dann Bhischma[4]), Karnap[5]), Kripa[6]), stark im Kampfe,
Vikarna[7]), Asvatthama[8]), Somadatti[9]),
9 und viele Tapfre´ und Erprobte;
alle bereit, für mich zu kämpfen und zu sterben.
10 Am schwächsten scheint mir unsre Macht zu sein, wo Bhischma steht;
ihm gegenüber droht der mächt´ge Bhima.

---

[1]) *Judhamanyu - Der in der Schlacht Ergrimmte.*
[2]) *Uttamandschu - Höchste Kraft.*
[3]) *Subhadra - Herrlich, trefflich.*
[4]) *Bhischma - Gewaltig (der geistige Wille).*
[5]) *Karna - Ohr.*
[6]) *Kripa - Mitleid.*
[7]) *Vikarna - Der Ohren beraubt.*
[8]) *Asvatthama - Pferdekraft (Wille).*
[9]) *Somadatti - Nachkomme des Somadatta.*

11 Gib, o Herr, Befehl, dass Bhischma unterstützt wird.
Blast das Horn!
12 Nun stieß der greise Herr ins Muschelhorn, sodass es weithin schallte wie Gebrüll des kampfbereiten Löwen.
13 Da ertönten zahllose Muschelhörner, donnergleich erklang der Schall von Trommeln und Trompeten;
Wie wenn der Sturm von allen Seiten tost, so brauste rings umher der Schlachtenruf.
14 Da standen auch im gold'nen Schlachtenwagen, bespannt mit weißen[1]) Pferden, kampfbereit, KRISCHNA[2]), der Gott des Himmels, und Ardschuna[3]);
sie ließen ihre Muschelhörner tönen.
15 Die Muschel, welche Hrischikesa[4]) blies, war aus „des Riesen Knochen" wohl geformt;
Ardschuna's Muschelhorn war Indra's Gabe.

---

[1]) *Weiß ist das Symbol der Reinheit; das Pferd ist das Symbol der Kraft und des Gehorsams.*
[2]) *Krischna - Dunkelblau.*
[3]) *Ardschuna - Der Mensch.*
[4]) *Hrischikesa - Bezähmer der Sinne.*

Bhima, der Starke, blies die Muschel „Paundra"[1])
16 und Yudhisthira[2]), Kunti´s Sohn, den „Sieg",
und Nakula und Sahadeva[3]) bliesen
die „Süßerklingende" und „Ruhmbedeckte";
17 Kasa, der Bogenheld, und Sikhandi[1])
im mächtigen Wagen,
Dhrischtadyumna[5]) auch, Virata, Satyaki,
der Niebesiegte,
18 Drupada und die Seinen, Herr der Welt!
Die Söhne Saubhadras;
sie alle stießen in ihre Muschelhörner,
19 und der Schall drang in der Dhritaraschtrer
Herzen ein
und machte ringsum Erd´ und Himmel beben.

20 Und als nun Pandu´s Sohn, Ardschuna,
er, dess´ Wappenschild der Affenkönig war,[6])

---

[1]) *Patindra - Ein Volk.*
[2]) *Yudhisthira - Standhaft.*
[3]) *Sahadeva - Gottähnlich.*
[4]) *Sikhandi - Mannhaft.*
[5]) *Dhrischtadyumna - Kühne Kraft.*
[6]) *Der Sohn Pandu´s, Ardschuna (der Mensch), hat sich dadurch,*

der Dhritaraschtrer festgeschloss'ne Reih'n
mit blanken Schwertern und gespannten Bogen,
zum Kampfe festentschlossen vor sich sah,
da sprach zu Hrischikesa er wie folgt:
21 Lass' uns den Wagen, o Unsterblicher! dort in
der Mitte beider Heere halten,
22 damit ich näher jene mir betrachte,
die kampfbegierig uns entgegensteh'n,
und die wir töten sollten.
23 Sicherlich, blutgierig sind und töricht alle,
die dem Dhritaraschtrer Sohn gehorsam sind.
24 Und als Ardschuna so zum Wagenlenker
gesprochen hatte,
lenkte Hrischikesa den gold'nen Wagen mit den
weißen Rossen
nach jenem Raum[1]), der beide Heere trennte,

dass er seinen höheren geistigen Zustand verlassen hat, allerdings dem Affen genähert und trägt ihn mehr oder weniger in seinem Äußeren und in seinem Benehmen zur Schau. Der Körper des Menschen gehört dem Tierreiche an; der geistige Mensch hat seinen Ursprung im Lichte der göttlichen Weisheit.
[1]) *Antaskarana, die »Brücke« oder der »Pfad« zwischen dem irdischen und dem himmlischen Teile des Gemütes, in der Avesta: Kinvat genannt.*

25 vor Bhischma′s und vor Drohna′s Angesicht
und and′rer Herrn des Erdenreiches.
„Sieh", sprach KRISCHNA zu Ardschuna,
„die Verwandten der Kurus!"
26 Da erblickte Pritha′s Sohn auf beiden Seiten Krieger,
die mit ihm durch Blut verwandt:
Großväter, Väter, Vetter, Onkel und Brüder,
Söhne, Enkel, Neffen,
27 Schwäger und Schwiegersöhne und dazu geehrte Lehrer.
Freunde hier und dort,
die feindlich nun sich gegenüberstanden.
Da ward sein edles Herz von Schmerz bewegt,
und voll von Mitleid sprach er diese Worte:

Ardschuna:

28 „Da ich, o HERR, als meine Blutsverwandten
nun jene kenne, die ich töten soll,
so fühl ich mich entnervt,
die Zunge trocknet am Gaumen mir,
und stille steht mein Herz.
29 Mein Körper bebt, es sträubt sich mir das Haar,
mein Arm wird schwach und ihm entfällt der

Bogen, den ich gespannt.
Wie Fieberglut durchdringt die Angst die Glieder;
kaum vermag ich mehr aufrecht zu stehen;
die Gedanken selbst verwirren sich,
mein Leben scheint zu fliehn.
30 Auch seh´ ich vor mir nichts als Leid und Weh.
Nichts Gutes, o Kesava![1]) kann daraus entspringen,
31 wenn sich Verwandte gegenseitig schlachten.
Nein! Ich verlange nicht zu siegen, o KRISCHNA!
Ich wünsche weder Herrschertum noch Ruhm,
noch Reichtum oder Lust, auf diese Weise gewonnen.
32 O, wie kann ein solcher Sieg mir Freude
bringen, ach, Govinda![2]) wie die Beute mir ersetzen
den Verlust, den ich erleiden würde,
ja, wie könnte das Leben selbst noch ein Genuss
mir sein,

[1]) *Kesava - Schönhaarig.*
[2]) *Govinda - Kühebesitzer.*

das ich erkaufe durch das Blut von jenen,
die mir allein das Leben teuer machen,
und ohne die es für mich wertlos ist?
33 Großväter, Väter, Söhne seh´ ich hier,
Lehrer und Freunde, Schwäger und Verwandte;[1]
nicht wünsch´ ich sie zu töten, o HERR der Welt.[2]
Auch nicht, wenn sie nach meinem Blute
dürsten.
34 Ich will nicht töten, o Madhusudana![3]
War auch die Herrschaft über die drei Welten
dann mein Gewinn.
Noch weniger verlockt mich der Besitz der Erde.
35 Schmerz allein könnt´ ich durch einen solchen
Mord erkaufen.
36 Selbst wenn die Dhritaraschtrer sündhaft sind,
wird ihre Schuld auf uns´re Häupter fallen, wenn
wir sie töten.

---

[1] *Auch die »feindlichen« Kräfte sind unsere Freunde und Lehrer; da wir durch sie Erfahrung gewinnen. Sie bilden die Stufen, auf denen sich der Mensch zur Selbsterkenntnis emporschwingen kann.*
[2] *Vergl. Matthäus, X, 35.*
[3] *Madhusudana - Toter des Riesen.*

Nein, es ziemt uns nicht, sie zu erschlagen; ach! wie
könnten wir dann jemals glücklich sein, o
Madhava?
37 Und wenn, durch Gier und Zorn geblendet, sie
die Sünde ihres Aufruhrs nicht erkennen,
und des vergoss´nen Blut´s nicht achtend,
selbst zu Mördern werden,
38 sollten wir dann sehend desgleichen tun?
Wir, die Verwandtenmord für Sünde halten!
O DU Heiliger!
39 Dort, wo ein Stamm verdorben wird,
da geht die Frömmigkeit zu Grunde,
und mit ihr auch das Geschlecht.
40 Gottlosigkeit zieht ein. Das Weib entartet;[1])
es vermengt das Reine mit dem Unreinen sich,
41 und dem Zerstörten wie dem Zerstörer
öffnet sich die Hölle.
Ja selbst das Himmlische, wenn ihm nicht mehr
geopfert wird,

---

[1]) *Das »Weib« stellt den Willen, das gebärende Prinzip im Menschen vor.*
»Ihr seid das Salz der Erde; wenn aber das Salz seinen Geschmack
verloren hat, womit soll man salzen?« (Matth. V. 13).

beraubt der Nahrung, stürzt's herab aus seinen Höhen[1].)
42 So entsteht Verwirrung und Verlust der Seligkeit,
43 und die Bestimmung des Zerstörers
ist der Hölle Abgrund. Das besagt die Schrift.
44 Ach, welch' ein Unrecht war' es,
wenn aus Lust zum Herrschen
die Verwandten wir erschlügen!
45 Viel besser war' es, unbewaffnet

---

[1]) *Der »Vorväter« eines jeden Menschen ist seine eigene geistige Individualität; seine unsterbliche Seele, die in jeder Inkarnation in einer neuen Persönlichkeit (von persona = Maske) auftritt. Erhält das geistige Bewusstsein der Seele keine Nahrung während des Lebens auf Erden, so erlangt das Materielle im Menschen die Oberhand, und der »Vorväter stürzt aus seinem Himmel«; d. h. der Mensch selber sinkt tiefer hinab.*
Unter dem Worte »Seele« ist aber das Wesen des Menschen, der Charakter, wodurch er sich von anderen Wesen unterscheidet, begriffen. Leib und Seele zusammen machen den Menschen aus.
»Für das einfache, bestimmungslose Wesen der Seele gibt es keinen Namen. Man nennt die Seele wie man jemanden einen Zimmermann nennt. Es ist klar, dass man ihn dann nicht nach seinem Wesen bezeichnet; — so müsste man ihn vielmehr einen Menschen nennen, sondern nach seinem Geschäfte. Das ist das wahre Wesen der Seele, was gar keiner Beziehung fähig ist; ihr einfacher Grund, die höchste Einheit aller Kräfte.« (Eckhart.)

uns den hochgeschätzten Feinden zu ergeben, von ihren Händen selbst den Tod zu leiden."

46 So klagend sank Ardschuna auf den Sitz des Wagens nieder.
Pfeil und Bogen fielen aus seiner Hand; voll Kummer war sein Herz.

ZWEITER GESANG

SANKHYA YOGA
DAS BUCH DER LEHREN

Hier wird gezeigt, wie man durch philosophische Betrachtung zu einer richtigen Weltanschauung kommen kann, zur Kenntnis der Nichtigkeit und Vergänglichkeit (Nicht- existenz) aller Formen der Erscheinungswelt, die nur Illusion (Maya) ist, im Gegensatze zum Ewigen Sein, dem Höheren Selbst. Diese Erkenntnis führt zur geistigen Freiheit, zur Unsterblichkeit.

Sandschaya.

1 Zu ihm, der voller Leid und Mitleid war,
in dessen Augen Tränen schimmerten,
sprach tröstend Madhusudana die Worte:

KRISCHNA.

2 „Weshalb, Ardschuna, hegst du diesen Schmerz,[1])
woraus entspringt dein Kleinmut,
der des Tapfern unwürdig ist,
den Himmel dir verschließt,
3 und dich mit Schmach bedeckt?
Wirf ab die Schwäche;
erhebe dich; wach´ auf und sei du selbst!"

Ardschuna.

4. „Wie könnte ich, o Madhusudana,
denn gegen Bhischma oder Drohna kämpfen?
Sind mir doch beide lieb und ehrenwert![2])

---

[1]) *Der von Furcht und Zweifel erfüllte Mensch schließt sich selbst vom Himmel der Seligkeit aus, die der Erkenntnis der WAHRHEIT in seiner Seele zu eigen ist.*
»*Der Glaube entspringt in der Vernunft; er wird aber fruchtbar im Willen, und der Wille wird fruchtbar durch den Glauben.*« *(Eckhart.)*
[2]) *Die persönlichen Dinge, die der Mensch innerlich verlassen muss, um zur geistigen Freiheit zu gelangen, sind nicht notwendiger Weise böse. Sie sind nur insofern niedrig, als sie der irdischen und nicht der göttlichen Natur des Menschen entspringen. Vaterlandsliebe, eheliche Liebe, Elternliebe, Geschicklichkeit sind lobenswert;*

5 „Viel besser wär's, erbettelt Brot zu essen
Mit denen, die uns teuer sind und gut,
Als sich durch Mordlust sündlich zu vermessen,
Gewinn zu teilen, der befleckt mit Blut.
6 Wohl besser wär's, von ihrer Hand zu fallen,
Aus deren Dasein Lust und Freude quillt,
Als sie zu töten, ohne die uns allen
Des Lebens Öde nie ein Sehnen stillt.[1])
7 Das Herz bewegt von Mitleid und mit Bangen,
Wend' ich zu DIR, o HERR mich sorgenvoll.
Erbarme DICH und stille mein Verlangen,
Zu wissen, was ich tun und lassen soll.
8 Was könnte wohl mir all der Reichtum nützen?
Kann er von Schuld und Sorge mich befrein? Was
hülf' es, würd' ich auch die Welt besitzen,
Doch jene, die ich liebe, nicht mehr sein?"

sie gehören aber nicht dem Ewigen und Unvergänglichen an, weil ihre Gegenstände selber nicht ewig und unveränderlich sind. (Siehe Matth. X, 38; Lukas V, 11.)
[1]) *Wer nur das natürliche (kreatürliche) Leben kennt, für den hat es keinen Wert mehr, sobald er seine Freuden nicht mehr genießen kann.*

Sandschaya.

9 So sprach Ardschuna zu dem HERRN der Herzen. „Ich will nicht kämpfen!" seufzte er und schwieg.
10 Doch freundlich lächelnd nahte KRISCHNA sich, und dort, im Angesicht der beiden Heere, sprach zu dem so Verzagten ER, wie folgt:

KRISCHNA.

11 „Du trauerst, wo kein Grund zur Trauer ist, und deinen Worten fehlt's an wahrer Weisheit, die Weisen trauern nicht um das was lebt, noch um den Tod.
12 Nie gab es eine Zeit, in der ICH nicht war, oder du; auch Jene, der Erde Herrscher[1]), waren stets; noch wird die Zeit in Zukunft kommen, wo nur einer aufhören wird zu sein, der wahrhaft ist[2]).

[1]) Die »Herrscher der Erde» sind die unsterblichen Seelen, die die Menschenkörper (die Erde) besitzen.
[2]) »Ich bin der ich bin.« 2. Moses III, 14. Das Göttliche im Menschen, worin sein wahres Ich wurzelt, ist ewig und unveränderlich; es wird nicht geboren und stirbt nicht.

13 Was wirklich ist, lebt ewig.
Wie im Körper auf Kindheit Jugend und
Alter folgt,
so folgt Entstehung und Vergehung stets
für die Gefäße, die der GEIST bewohnt.
Das was unsterblich ist im Menschenherzen
wird wieder neu in Leibern offenbar.
Die Weisen wissen es und trauern nicht.
14 Dein Sinnesleben ist´s allein,
das dich mit Stofflichem verbindet,
Kälte, Hitze, Lust und Schmerzen dich
empfinden lässt.
Kurz ist´s und wechselnd; trag es mit Geduld.
15 Die in sich selbst erstarkte Menschenseele,
die über diese Dinge sich erhebt,
in Freud und Leid sich gleich und ruhig bleibt,
besteht in Ewigkeit.
16 Was wahrhaft ist, bleibt wirklich stets,

»In dem Wesen der Seele können wir GOTT sehen und erkennen, und je mehr ein Mensch in diesem Leben dem Wesen der Seele mit seiner Erkenntnis nahe kommt, desto näher ist er der Erkenntnis GOTTES. In dir selber liegt und wohnt die WAHRHEIT. Niemand findet Sie, der Sie in äußeren Dingen sucht. GOTT finde ich am sichersten in meinem Innern.« (Eckhart.)

und was nicht wirklich ist, kann nie in Wahrheit
sein;
doch zwischen Sein und Schein zu unterscheiden,
das vermag die Weisheit dessen,
der die WAHRHEIT kennt.[1])
17 So wisse denn: Unsterblich ist der GEIST,
DER alles Lebens Kraft und Ursach´ ist.
ER kann nicht untergehen,
niemand kann des Daseins Grund,
das Ewige vernichten.[2])
18 Die flücht´gen Schattenleiber nur,
die wir des GEISTES Tempel nennen,
die vom GEISTE bewohnt und überschattet
werden, sterben.
Lass sie denn sterben, o Prinz! und kämpfe mutig.
19 Wer sagt: „Ich hab´ getötet", oder glaubt,
dass man ihn töten könne, urteilt falsch:

---

[1]) *Nur das Wesen des Menschen, das von der WAHRHEIT durchdrungen ist, kann die WAHRHEIT erkennen, weil in ihm die WAHRHEIT wesentlich wird und sich selber erkennt.*
[2]) *»GOTT ist Eins. Eins aber ist die Negation aller Negation. Die Einheit GOTTES ist ohne Grund, vielmehr sie ist ihr eigener Grund.« (Eckhart.)*

sein Wahres Selbst erkennt er nicht, das nicht
getötet werden kann und auch nicht
tötet.[1])
20 Nie wird´s geboren; niemals endet Es.
Anfang und Ende und Veränd´rung sind
nur Träume,
die das Zeitliche betreffen.
Formen vergehen, doch der GEIST besteht.
21 Und wer das Wesen aller Dinge kennt,
das unerschaffen, unvergänglich ist,
der weiß auch, dass das Wesentliche nicht
vernichtet wird,
wenn auch die Form vergeht.
22 So wie ein Mensch die abgetrag´nen Kleider von
gestern ablegt
und ein neu Gewand am Morgen wählt,

---

[1]) *»GOTT ist das absolute Sein, insofern es schon eine Reihe von Bestimmungen eingegangen Ist. GOTTES Eigenschaft ist Wesen. GOTT erkennt nichts als allein das Wesen, ER weiß nichts als Wesen, ER hebt nichts und denkt nichts als SEIN Wesen. Man kann sagen, dass ER Vernunft ist, die sich selbst denkt, eine lebendige, seiende, substantielle Vernunft, die sich selber versteht und in sich selber ist und lebt und mit sich Identisch ist. Verstehen wir GOTT als Wesen, so verstehen wir IHN in seinem Vorhof. SEIN Tempel ist die Vernunft.« (Eckhart.)*

so legt des Menschen Geist
des Fleisches morsch geword'ne Hülle ab,
und erbt aufs neu' ein and'res Haus von
Fleisch.[1])
23 Durch Waffen wird Es nicht verletzt,
das Feuer verbrennt Es nicht,
durch Wasser wird Es nicht ersäuft,
noch bringt der Wind Es zum Vertrocknen.
24 Es wird von nichts durchdrungen,
unverbrennlich und unzerstörbar ist Es;
doch durchdringt Es alle Dinge;
unbeweglich selbst, bewegt Es alles.

---

[1]) *Wir wissen, dass alle die Elemente, aus denen der menschliche Organismus besteht, nach deren Auflösung in andere Verbindungen übergehen, und da jeder äußerlich wahrnehmbare Körper der Ausdruck oder die Offenbarung einer Wesenheit ist, die man Seele nennt, so findet überall in der Natur eine Seelenwanderung statt. Aber auch der Geist des Menschen, der den Körper verlassen hat, offenbart sich nach einer Zeit der Ruhe wieder in einer neuen Form als eine neue Persönlichkeit. Diese Reinkarnation der Seele geschieht unbewusst und nach den Gesetzen ihrer Natur, so lange die Seele kein (geistiges) Selbstbewusstsein hat. Wenn sie dieses erlangt hat, so kann es nach ihrem freien Willen geschehen.*

25 Niemand kann Es sehen,
und kein Gedanke kann Es in sich fassen.[1])
26 Auch kann man's nicht beschreiben.
Wer Es geistig erkennt,
der wird auch deshalb nicht mehr trauern,
wenn man ihm sagt, dass dieser oder jener gestorben sei.
Du weißt, der Abgeschiedene ist gleich dem Neugebor'nen.
Beide leben.
Das Wesen beider ist der Eine GEIST.
27 Das, was geboren wird, muss schließlich sterben;
des Sterbens Ende ist die Neugeburt;
so heischt es das Gesetz;
betrüb' dich nicht, da du des ewigen Gesetzes Lauf nicht ändern kannst.
Veränd'rung ist das Los von allen Dingen.
28 Sieh! im ewigen Sein ist jedes Ding unoffenbar enthalten.
Dann kommt's zum Vorschein
und beim Tode kehrt's dorthin zurück,

---

[1]) *Es wird für unsichtbar gehalten, ist aber für die innere Wahrnehmung eines geistig erleuchteten Menschen in sich selber erkennbar.*

woher's gekommen war.
Was ist da zu beklagen, teurer Prinz[1])?

29 Siehe, das Leben, das alles erfüllt,
Tief im Geheimnis ist Es verhüllt.
Wer kann Es fassen, wer Es ergründen.
Welche Sprache Sein Wesen verkünden ?
Noch ist Es niemand vor Augen gekommen,
Nie hat ein Ohr Seine Stimme vernommen;
Die Seele allein nur kann Es versteh'n,
Wenn Sehen und Hören stille steh'n.

30 Dieses Leben, das in allen Dingen ist,
wohnt im Verborg'nen,

---

[1])»*Alle Dinge sind in GOTT, sofern sie ewig in GOTT gewesen sind, und wieder in GOTT zurückgelangen sollen. Alle Dinge sind nichts, nämlich an sich selber sind sie nichts und in ihrer Offenbarung aus der GOTTHEIT, wie in ihrem Rückgange in die GOTTHEIT sind sie in ihrer Besonderheit aufgehoben. GOTT ist alle Dinge, denn ER hat aller Dinge Kräfte in SICH, in herrlicherer Form, als ER sie den Kreaturen gegeben hat. GOTT ist Nichts, d. h. ER ist ohne alle Bestimmtheit. GOTT ist Alles in Allem, und in jedem Dinge ist GOTT Alles, und zugleich ist GOTT Nichts in allen Dingen und in SICH selber. Gerade indem GOTT Alles ist, ist ER Nichts, und in diesem Sinne sind alle Dinge GOTT.*« (Eckhart.)

unzerstörbar ist's, wo Es auch wohnet;
deshalb trau're nicht,[1])
31 und kämpfe, tapfrer Krieger, für dein Recht.
Denk' deines Namens, Prinz! und zitt're nicht!
32 Es ehrt den Krieger der gerechte Kampf.
Und selig, wer ihn liebt!
Er öffnet ihm des Himmels Tor.
33 Doch wenn du nicht für Recht und Wahrheit
kämpfen willst, o Kschattriya!
der Pflicht gemäß, so gehen Recht und Ehre
verloren dir
und Schande fällt auf dich.
34 Dann wird der Ruf von deiner Feigheit
sich forterben von Geschlechtern
zu Geschlechtern,
und Schande ist viel schlimmer als der Tod
für jeden, der von edler Herkunft ist.
35 Die Helden in den Wagen werden denken, dass
feige Furcht dich fort vom Kampfplatz trieb und
dich verachten.

---

[1]) *Alles was ist, ist im ewigen Sein, nicht als Form, wohl aber als Wesen; aber nur wenige Wesen sind sich ihres ewigen Seins bewusst.*

36 Deine Feinde werden viel Übles über dich zu sagen haben,
das du nicht widerlegen kannst.
Was kann wohl bitt´rer sein? —
37 Wirst Du erschlagen, — sieh, dann ist der Himmel dein!
doch wenn du siegst, gehört die Erde dir,
o Kuntis' Sohn!
ermanne dich, entschließe dich zum Kampfe!
38 Es sei dir Lust und Leid, Gewinn, Verlust,
Sieg oder Niederlage gleich,[1])
und so gegürtet zieh zum Streite;
denn so bewehrt, kannst du nicht sündigen.[2])

---

[1]) *Wenn der Mensch in diesem Leben sich angestrengt hat Herr über sich selber zu werden, es ihm aber nicht völlig gelungen ist, so war dennoch seine Mühe nicht vergebens; denn er geht im Bewusstsein erfüllter Pflicht in Swarga (Himmel) ein, und die im Leben gesammelten Erfahrungen sind wie ein gut angelegtes Kapital, mit dem er, als mit neuer Kraft ausgerüstet, wieder zur Erde zurückkehrt, um nach wiederholtem Kampfe schließlich Herr seiner »Erde« zu werden.*

[2]) *Tue das Gute weder aus Hoffnung auf Belohnung, noch aus Furcht vor der Strafe für die Unterlassung, sondern aus Liebe zu GOTT. »Wer GOTT von ganzem Herzen liebt, der fürchtet weder Tod noch Strafe weder Gericht noch Hölle, weil die vollkommene Liebe den sicheren Zutritt zu GOTT verschafft.« (Thomas v. Kempen.)*

39 Das ist die Lehre des „Sankhya"[1]), die leicht zu fassen ist.
Doch höre nun die tief're Yoga-Lehre[2]),
die, wenn du sie begreifst und festhältst,
dir die Ketten deines Schicksals lösen wird:
40 Da wird kein Ziel verfehlt, und keine Hoffnung bleibt unerfüllt.
Nichts geht verloren.
Selbst ein kleiner Glaube schützt vor großer Furcht.
41 Da ist nur ein Gesetz,
doch vielerlei[3]) sind die Gesetze derer,
die nicht selbst beständig sind,
und schwierig zu befolgen.
42 Der Toren Rede klingt gar salbungsvoll,
wenn sie der Veden weise Sprüche preisen.

---

[1]) *Sankhya: Das objektive Wissen des Kopfes.*
[2]) *Yoga: Die Erkenntnis des Herzens durch Vereinigung, die Praxis der geistigen Gesetze.*
[3]) *»Zu wem das ewige Wort redet, der wird frei von vielerlei Meinungen.« (Thomas v. Kempen, »Nachfolge Christi«.)*

Buchstaben kennen sie, doch nicht den GEIST,
und denken, dass der leere Schall genüge.
43 Mit eitler Selbstsucht ist ihr Herz erfüllt;
für ihre Werke suchen sie Belohnung im Himmel
und in künftigen Geburten.[1])
Auf Macht und Reichtum hoffend,
die als „Früchte der guten Tat" entspringen, wenn
man fleißig frommen Gebräuchen folgt
und Opfer gibt.
44 Doch sieh! Die Hoffnung derer,
die nach Macht und Reichtum streben,
ist die Frucht des Wahnes der Eigenheit,
und nicht des wahren Glaubens.
Sie sind nur Schwärmer, und sie kennen nicht
die volle Wahrheit;
45 lehren mancherlei, was in den Veden steht,
bezüglich der drei Eigenschaften der Natur,[2])

---

[1]) *Darin, besteht das Widerliche der religiösen Schwärmerei, dass der »Fromme« für sein teures »Selbst« sich den Himmel zu verschaffen sucht. Die wahre Freiheit ist aber nur im Freiwerden von allem selbstsüchtigen. Sein, im GOTTES-Bewusstsein zu finden.*
[2]) *Die drei Gunas sind die drei Eigenschaften der Natur. (Siehe Kap. XIV.) Wer sich über seine irdische Natur erheben kann, der ist frei von den Eigenschaften seiner Natur.*

doch du sei frei von den Drei Eigenschaften,
frei von Gegensätzen,
frei von jenem „Ich", das nur sich selbst und seinen Vorteil sucht.
Zufrieden sei und ruhig, selbstbeherrscht.
46 Wie man das Wasser, das dem Teich entfließt,
zu vielerlei Gebrauch verwenden kann,
so deuten die Brahmanen auch die Veden,
gerade so, wie's ihren Zwecken passt;
47 du aber such' für deine Zwecke nichts.
Tu', was du willst, und wolle, was du sollst.
Das Werk allein soll deine Sorge sein,
und nicht der Vorteil, der daraus entspringt;
nicht nach der Werke Früchte sollst du trachten,[1])
48 doch sei nicht müßig, sondern handle.
Tu', was du zu tun hast, weil's geschehen muss,
und sorg' dich nicht dabei um den Gewinn, der für dich abfällt.
Lass' den Selbstwahn ziehn!
Glück oder Unglück sei dir gleich viel wert.

---

[1]) *»Der gelassene Wille trauet GOTT und hoffet alles Gute von IHM: aber der eigene Wille regiert sich selber; dann hat er von GOTT abgebrochen.« (Jacob Böhme, »Gelassen- heit.«)*

Gleichmut ist Yoga.
49 Alles, was du tust,
wenn´s deinem „Selbst" entspringt, hat wenig Wert.[1])
Mehr als das Werk gilt die Erkenntnis.
Nimm im Himmel deines Innern deine Zuflucht,
und frag´ die Tugend nicht, wie viel sie bringt!
50 Bedauernswert sind die,
die in Erwartung von Lohn die Tugend üben[2])
O siehe, wer in der Ergebung handelt,
wirkt nicht selbst;
denn das Gesetz der Weisheit wirkt durch ihn,
erhaben ist Es über gut und böse,
und er in Ihm: D´rum übe dich darin.
Das ist das rechte Tun.

---

[1]) »Kein Werk außer GOTTES Willen mag GOTTES Reich erreichen; es ist alles nur ein unnütz Schnitzwerk in der großen Mühseligkeit des Menschen; denn nichts gefällt GOTT, als was ER selber durch den »Willen tut«. (Jakob Böhme, »Gelassenheit«.)

[2]) »Niemand kann die Sünde vergeben als CHRISTUS im Menschen; wo CHRISTUS im Menschen lebt, da ist die Absolution; ist CHRISTUS nicht in den Seelen, so ist keine Gnade oder Vergebung der Sünden, denn CHRISTUS selbst ist die Vergebung. (Jakob Böhme, »Gnadenwahl«, XIII.)

51 Der Weise sucht nicht nach Verdienst
und Lohn für seine Werke.
Erhaben ist er über alles „Selbst".
So dringt er langsam nach und nach empor
zur Freiheit,
aus des Körperlebens Banden zum Sitz
der Seligkeit.
52 Wenn deine Seele in der Erkenntnis fest steht
und die Pfade des Trug´s und Irrtums
überwunden hat,
so wird sie sich um das nicht länger kümmern,
was recht und unrecht scheint,
noch was die Schrift verbietet und gebietet;
53 sie erkennt die WAHRHEIT
in der Kraft der WAHRHEIT selbst.
In Ihr erlangt sie Yoga und den Frieden.

Ardschuna.

54 Woran, Kesava, kann man jene kennen,
die festen Herzens und ergeben sind?
Wie spricht ein solcher Mensch?
Benimmt er sich wie andere Menschen?

KRISCHNA.

55 Wenn, o Pritha´s Sohn! ein Mensch den Wünschen,
die das Herz bewegen, entsagt hat
und, in sich zur Ruh gekommen,
den Frieden in sich selbst gefunden hat;[1])
so hat er Yog´ erlangt.
56 Ein solcher Mensch wird nicht vom Gram betrübt,
und kein Genuss belustigt ihn.
Er wird nicht mehr bewegt von Habsucht, Neid, Furcht oder Zorn;
er ruht in der Erkenntnis, die sein Glaube bringt. Er ist ein Muni oder Heiliger;
„Einsiedler" nennt man ihn, weil er,
befreit von äußern Dingen, in sich selber lebt.
57 Er ist an niemand und an nichts gebunden, von Wünschen frei, im Unglück nicht verzagend, vom Glücke nicht erregt.

---

[1]) »*Du sollst wissen, dass deine Seele das Zentrum, die Wohnung und das Reich GOTTES ist, und damit der König des Himmels auf dem Throne deiner Seele ruhen kann, so sollst du deine Seele rein, ruhig und frei, rein von Schuld, unbewegt von Furcht, frei von Begierden und Gedanken und friedvoll erhalten.*« *(Michael de Molinos.)*

Das sind die Zeichen des Menschen,
der ein wahrhaft Weiser ist.
58 Wie die Schildkröte unter ihrem Schilde
die Glieder einzieht, wenn Gefahr sich naht,
so wendet er vom Äußern die fünf Sinne
dem Innern zu.
Das ist der Weisheit Zeichen.
59 Die Sinne haben keine Macht mehr über ihn,
der selbstbeherrscht den Sinnen sich entschlägt;
selbst der Geschmack am Sinnlichen vergeht
dem, der der Lust daran entwachsen ist.
60 Wohl kann´s geschehen, dass zuweilen selbst der Weise
durch den Sturm des Sinnlichen erschüttert wird
und fällt;
dann soll er trachten,
des Reiches Herrschaft wieder zu erlangen, indem
er nur an MICH, den Höchsten denkt;
in MICH vertieft;
61 denn weise ist nur, wer sein eignes Selbst
durch MEINE Kraft beherrscht.
62 Wenn der Gedanke über Dingen brütet,
die Gegenstand der Sinne sind,
entspringt die Neigung schon zu ihnen;
Zur Begierde wächst sie heran und wird

zur Leidenschaft;
63 die Leidenschaft zur Flamme;
dann erfolgt Vergessenheit des Wahren, Unvernunft und unvernünft'ges Handeln,
bis zuletzt der Mensch verdirbt.[1]
64 Doch wem das Sinnliche so viel wie nichts ist,
wer es weder liebt noch hasst,
wenn er es auch benützt und sich's zu Diensten macht,
Herr seiner selbst, der findet die Ruhe.
65 Aus der Ruhe kommt der Frieden,
und aus dem Frieden wahre Seligkeit;
das Ende alles Weh's und die Erlösung von allen Leiden.
66 Siehe! der Geist von dem, der seiner Sinne Sklave ist,
erkennt sein himmlisches, sein wahres Wesen nicht.

---

[1] *»Zuerst kommt dem Gemüte ein einfacher Gedanke entgegen, dann die mächtige Einbildung, hernach die Lust und die böse Begierde und endlich die Einwilligung.« (Thomas v. Kempen.)*

Für ihn ist keine Sammlung, keine Ruh´
und keine wahre Seligkeit.
67 Er gleicht dem Schiff,
das steuerlos vom Sturm getrieben,
dem Untergang entgegeneilt.
68 Doch wer vom Sinnlichen sich nicht
bewegen lässt,
Herr seiner selbst in seinem Herzen ist,
hat wahre Weisheit.[1]
69 Wo für andere nur Dunkel herrscht,
sieht er den hellen Tag in seiner Seele;
was den Nichterleuchteten wie helles Taglicht
scheint,
das ist für ihn, der es mit klarem Geistesaug´
durchschaut,
der Nichterkenntnis tiefe Finsternis.

So ist der Heilige;
70 und wie das Meer in seinem Schoße die
Flüsse aller Länder empfängt

---

[1] *»Wer nur äußerlich den Versuchungen ausweicht und die Wurzel nicht ausreißt, der wird wenig ausrichten, ja die Versuchungen werden nur schneller zurückkehren, und er wird es um so ärger empfinden.« (Thomas v. Kempen.)*

und doch in seinen Grenzen bleibt,
so ist der Weise.
Aus dem Weltall strömt der Sinne Blendwerk
seiner Seele zu,
doch es bewegt nicht ihn, den Herrn der Sinne.[2])
71 Von allem Sehnen frei, ist er der Meister
und nicht der Diener seiner niederen Lüste;
von Hochmut frei und frei vom Wahn des
„Selbstes",
hat er den Frieden. —
72 Das, o Pritha's Sohn, ist Brahmas ew'ges Sein.
Wer es erlangt, ist ohne Furcht,
von allen Leiden frei,
und furchtlos geht er in der Todesstunde
in Brahma's Dasein, in Nirvana, ein.

---

[2]) *Dieser „Schlaf", in dem alle Begierden und Gedanken ruhen, in dem aber das höchste Gottesbewusstsein vorhanden ist, wird „Samadhi" genannt.*

DRITTER GESANG

KARMA YOGA
VON DER TUGEND IN
RELIGIÖSEN WERKEN

Alles, was der Mensch aus eigenem, persönlichem Antriebe tut, hat keinen Wert für das Ewige. Die Erlösung, die Wieder- vereinigung (Yoga) mit GOTT wird nur dadurch gewonnen, dass man ohne Rücksicht auf das eigene Selbst als Werkzeug in der Hand GOTTES handelt und nur das tut, was man als seine Pflicht erkennt.

Ardschuna.

1 O DU, DEN alle preisen, sage mir:
Wenn DIR das Wissen mehr gilt als das Tun, weshalb, o Kesava, willst DU mich denn

Zu dieser grauenvollen Tat bewegen?
Mit bangen Zweifeln hast DU mich erfüllt.
2 Sag´ mir das eine mit Bestimmtheit nur:
Von den zwei Wegen: Welchen soll ich wählen?

KRISCHNA.

3 Zwei Wege sind es, sag´ ich dir, o Prinz,
die sich dir öffnen; zwei der Weisheitspfade.
Der eine führt durch Werke dich zum Ziele,
die die Vernunft dich lehrt;
der andre Weg, der Pfad des Glaubens,
ist der geist´ge Weg,
der durch die Andacht dich zum Höchsten leitet.
4 Doch sind die beiden Eins.
Niemand entrinnt dem Wirken dadurch,
dass er Wirken meidet;
niemand gewinnt, indem er nur entbehrt.
5 Auch kann kein Wesen ganz untätig sein;
selbst nicht für einen kurzen Augenblick.
Zum Wirken zwingt ihn immer die Natur,
auch ohne dass er´s will.
Das Denken selbst ist Wirken im Reiche der
Gedanken.
6 Wer seinen Körper äußerlich beherrscht, jedoch

im Innern seine Lüste pflegt,
der ist ein Heuchler und scheinheil´ger Tor.
7 Doch wer entschlossen und mit frohem Mute
dem Höchsten sich in Glaubenskraft ergibt, nichts
für sich selbst erhoffend,
der ist wert, dass man ihn schätzt.
8 Erfülle deine Pflicht.
Das Tun ist besser als der Müßiggang.
Sogar des Körpers Wohl erfordert Werke,
und es bedarf des Werk´s die Heiligung;
9 Doch wird durch dieses Werk kein Mensch
gebunden.
Lass´ all dein Tun frei von Begierden sein,
so bist du frei von Schuld.

10 Im Anfang, als der Herr die Menschen zeugte,
und mit ihnen das Opfer schuf,
da sprach Pradschapati:[1]
„Geht hin und opfert, und vermehret euch
durch Opfer.

---

[1] *Brahma. Die Summe der schöpferischen Kräfte im Weltall.*

Durch das Opfer werdet ihr, was ihr erstrebt,
im Überfluss erlangen.
11 Der Götter Segen sinkt herab zu dem,
der sie verehrt.
Die Nahrung, die ihr sucht, wird euch gegeben als
der Opf'rung Lohn,
wenn ihr den Göttern opfert,
12 aber wer das Gute, das er auf der Erde findet,
für sich allein genießt,
und nichts davon dem Himmel, der es schickt,
zurückerstattet,
der ist ein Undankbarer und ein Dieb.[1]
13 Wer opfert und genießt, der handelt recht. Wer
für sich selbst beansprucht,
was den Göttern gebührt,
der wählt sich selber das Verderben.[2]

---

[1] »*Opfere dich mir und gib dich ganz für GOTT hin, so wird dein Opfer GOTT angenehm sein.*« (Th. v. Kempen.)

[2] »*Das ist der rechte Glaube im Menschen, dass er der Selbstheit abstirbt als der eignen Begierde und seine Begierde in allen ihren Anfängen und Führhaben in GOTTES Willen einführet und sich keines Tuns vermeint, sondern in allem seinem Tun nur für GOTTES Knecht und Diener achtet und denket, dass er's GOTT tut.*« (J. Böhme, »*Gelassenheit.*«)

14 Durch Nahrung lebt alles, was da lebt.
Die Nahrung wächst durch Regen.
Regen bringt das fromme Opfer,
und das Opfer ist ein Werk.
15 Die Quelle alles Wirkens ist Brahma[1]),
der EINE, DER das ganze All erfüllt.
In jedem Opfer ist ER gegenwärtig.[2])
16 Wer es verschmäht, der Ordnung
dieser Welt durch seine Werke beizustehn
und nur an seinen Vorteil denkt,
der lebt umsonst.
Unedel ist sein Werk, o Pritha´s Sohn[3]).
17 Doch wer im Himmel seines Innern wohnt,
zufrieden mit sich selbst, begierdenlos,
der ist erhaben über alles Wirken,
er wirkt nicht selbst; für ihn ist nichts zu tun,
18 denn er ist Eins mit JENEM,
WELCHEN nichts, was in dem eitlen Treiben
dieser Welt

---

[1]) *Brahman (neutrum), die GOTTHEIT. Brahma (männlich), GOTT als der Schöpfer betrachtet.*
[2]) *»Nur das, was vom Himmel herunterkommt, steigt wieder zum Himmel empor.« (Kerning.)*
[3]) *Vgl. Jakobus IV, 17.*

geschieht und nicht geschieht, berühren kann. Auch hat er keines andern Hilfe nötig.

19 So sieh´ denn zu, dass du dein Werk vollbringst,
damit geschehe, was geschehen soll;
doch tu´s begierdenlos.
Wer selbstlos handelt, der geht zum Höchsten,
in Nirvana, ein.[1]

20 Janaka und noch andere Helden
kamen durch gute Werke zur Vollkommenheit.
Der Menschheit halfen sie; so hilf auch du
aus Liebe für der ganzen Menschheit Wohl.

21 Das, was der Weise spendet, nimmt das Volk;
der Hohen Beispiel ahmt die Menge nach,
und fragt nicht, ob es gut sei oder schlecht.

22 Sieh MICH, o Pritha´s Sohn!
In den drei Welten braucht nichts von MIR
und für MICH zu gescheh´n[2].
Nichts bindet MICH, nichts hab´ ICH zu erreichen,
und dennoch wirk´ ICH ohne Unterlass.

---

[1] *»Wenn du dich selbst in Etwas suchst, so nimmst du alsbald in dir ab und verdorrest.« (Th. v. Kempen.)*
[2] *Vgl. Johannes V, 30.*

23 Denn würde ICH nicht unablässig wirken,
so wären die, die MEINER Führung folgen,
des Lichtes auf dem Weg´ des Heils beraubt.
Verließ´ ICH sie, so war´ es ihr Verderben.
24 Verfiel ICH auch nur einen Augenblick
sündhaft dem Schlafe,
so würden diese Welten zu Grunde gehen,
und ICH trüge dann die Schuld am Untergang
der ganzen Menschheit.[1])
25 So wie mit vielem Fleiß der Tor sich müht, der
nach Erfüllung seiner Wünsche strebt,
so soll mit Eifer der Erleuchtete
sein Werk vollbringen, frei vom Wahn des
Selbstes,
das Wohl des Ganzen nur im Herzen tragend,
20 Doch hüte dich, ins Herz des Unerfahr´nen,
der noch an seinen eig´nen Werken hängt,

---

[1]) »Unterließe GOTT das Sprechen seines Wortes auch nur einen Augenblick, Himmel und Erde müssten vergehen. In dem klaren Spiegel der Ewigkeit, dem ewigen Sichselbst- wissen des Vaters, da gestaltet er ein Abbild seiner Selbst, seinen Sohn. In diesem Spiegel bilden sich alle Dinge ab, und man erkennt sie darin; freilich nicht als Kreaturen, sondern als GOTT in GOTT.« (Eckhart.)

des Zweifels unheilvolle Saat zu sä'n,
lass jeden guten Menschen unbeirrt
sein Werk vollbringen.
27 Alles Tun und Wirken entspringt den drei
Gewalten der Natur.[1]
Der Tor, getäuscht vom Eigendünkel,
denkt, wenn er ein Werk vollbringt:
„Das tu ich selbst", und „jenes tat ich selbst!"
28 Doch wer in Wahrheit die Kräfte kennt,
die die Natur bewegen, das Sichtbare beherrschen
und den Körpern die Eigenschaften geben,
die ihnen sodann für kurze Zeit zu eigen sind, der
ist durch solche Werke nicht gebunden,
wenn er auch persönlich wirkt und schafft.
29 Wer die verborg'nen Kräfte nicht erkennt, durch
welche die Natur ihr Werk vollbringt,
wird durch die Werke der Natur gebunden,
Doch lass den Weisen, der die WAHRHEIT kennt,
die andern nicht im Wirken irre machen.
30 Du aber mach dich frei von dieser Last,
von Furcht und Eigenwahn.

---

[1] *Die drei »Gunas« oder Naturkräfte: Tamas, Radschas und Sattwa – Dummheit, Leidenschaft und Weisheit.*

Beziehe alles auf MICH,
die Quelle alles Seins, zurück.
Vollbringe, was du tust, in MEINEM Namen,
in MEINEM Geiste.
Ergib dich ganz in MICH.
31 Wer stets, von MEINEM Geist erfüllt,
die Lehre vertrauensvoll befolgt,
erlangt Erlösung durch seine Werke,
die dann MEINE sind.[1]
32 Doch wer, verführt vom Eigendünkel,
MICH und das GESETZ verachtet,
wer da meint, er wirke viel,
und doch erkenntnislos und ohne Glauben handelt,
er, der Tor verdirbt und stirbt.
33 Es handelt auch der Weise,
wie´s seiner Weisheit angemessen ist.
Das Wirken eines jeden Wesens
geht aus dessen eigener Natur hervor.

---

[1] »*Der wahre Glaube ist nicht ein Fürwahrhalten von Meinungen, sondern eine Anerkennung von Tatsachen. Er ist kein Wähnen und Dünken, sondern das Fühlen der Kraft der WAHRHEIT, aus der die Erkenntnis entspringt.*« *(Eckhart.)*

34 Es kann sich niemand dem Gesetz entziehen, das ihn beherrscht.[1]
Die Sinnesgegenstände sind Herrn der Sinne. Sie erzeugen Liebe und Hass im unbewachten Menschenherzen.
Ergib dich diesen deinen Feinden nicht.
35 Denn besser ist es, selbstbeherrscht zu wirken, wenn auch die Kraft noch nicht vollkommen ist, als Sklavendienste trefflich zu verrichten. Zu sterben in Erfüllung eig'ner Pflicht ist besser, als dem niedern Trieb gehorchend, in Furcht zu leben.[2]

Ardschuna.
36 Was, o Lehrer, ist die Macht, die oft den Menschen mit Gewalt zur Sünde treibt und gegen seinen Willen ihn dazu zwingt.

KRISCHNA.
37 Es ist die Leidenschaft, Kama genannt.[3]
Sie ist es, die ihn treibt.

---

[1] »Der Mensch, der siehet GOTT, das Tier den Erdkluß an, aus diesem, was er ist, ein Jeder sehen kann.« (Joh. Scheffler.)
[2] »Wer sich selbst beherrschen kann, braucht keinem andern anzugehören.« (Alterius non sit, qui suus esse potest.) Paracelsus.
[3] Es ist die Wirkung der niederen Seelenkräfte, die allerdings ursprünglich

Geboren aus der Nichterkenntnis Nacht,
ist sie des Menschen Feind,
fressgierig, stark und beutelustig;
sie ist sein Verderben.
38 So wie des Feuers Flamme Rauch entsteigt,
wie Rost auf dem metall´nen Spiegel haftet,
und wie der Mutterschoß das Kind umfängt,
so ist die Welt von diesem Geist umgeben.
39 Sogar der Weise wird von ihr umstrickt;

auch aus GOTT entsprungen, aber dennoch nicht mehr göttlicher Natur sind, weil sie in der Täuschung der Selbstheit ihren Sitz haben. (Siehe Kap. XIV.)
»Die Seele hat außer den äußeren Sinnen sechs Kräfte, drei niedere und drei obere. Die niederen Kräfte sind: der empirische Verstand, Zornvermögen und Begehrung. Ihnen entsprechen drei höhere Vermögen: das Gedächtnis, das höhere Erkenntnisvermögen (Verstand, auch Vernunft genannt) und der Wille. Die drei oberen heißen auch »das Gemüt«. Sie haben himmlische Natur, weil ihre Wirksamkeit eine überirdische, himmlische ist. Die Kräfte der Seele sind nicht ihr Wesen, sondern eine Entäußerung derselben. Sie geht nicht auf in diesen Kräften. Alle diese Kräfte entspringen einer Natur und bleiben in derselben, und was die Seele wirkt, das wirkt diese ihre einfache Natur in den Kräften. »Das Gewissen« in der Seele, ihre einfache Natur, das reine Wissen als Beziehung der Seele auf sich selbst ist immateriell und hat mit Raum und Zeit nichts zu schaffen.« (Eckhart.)

sie ist sein steter Feind.
In tausend Formen verlockt sie ihn,
die immer unersättlich wie eine Flamme ist,
o Kunti's Sohn!
40 Die Sinne, das Gemüt und die Vernunft
sind ihre Wohnung und ihr Spielraum.
Dort verwirrt sie den Verstand
und raubt dem Menschen, der sich ihr geopfert, der
Erkenntnis Licht.
41 Deshalb, du starker Held der Bharater,
nimm dich in acht.
Behüte wohl dein Herz
und zügle deine Sinne.
Tritt mit Mut dem seelenlosen bösen Ding
entgegen,
das den Verstand und die Erkenntnis trübt.[1])
42 Wohl sind die Sinne[2]) stark,

---

[1]) *Das Kreuz ist das Symbol dieser geistigen Selbsterkenntnis, Selbstbeherrschung und Freiheit. Es stellt den Menschen dar, dessen irdische Natur im Reiche des Irdischen wurzelt und an das Materielle geheftet ist, dessen Arme (Kräfte) sich über das Materielle ausbreiten, und dessen Haupt (Erkenntnis) sich zum Lichte der GOTTHEIT erhebt.*
[2]) *Kama.*

allein das Herz[1]) ist stärker als die Sinne,
stärker noch als dies ist die Vernunft[2])
und über dieser erhaben, scheint der
WAHRHEIT göttlich Licht[3]).
Hast du den höchsten Herrscher dann erkannt, (dein wahres Selbst), so stärke dich durch IHN in deiner Kraft.
Tritt mutig ein zum Kampfe,
vernichte diese Feinde,
die voll Trug in vielerlei Gestalten sich dir zeigen,
von Liebesreizen voll und schwer zu töten sind.

[1]) *Manas.*
[2]) *Buddhi.*
[3]) *Atma.*

VIERTER GESANG

DSCHNJANA YOGA
DAS BUCH VON
DER RELIGIÖSEN ERKENNTNIS

Die Erlösung von der Illusion des „Selbst", die geistige Freiheit, die Vereinigung mit der göttlichen Wesenheit, der Anschluss an das höchste Ideal, sie werden nur erlangt durch die innere Selbsterkenntnis, d. h. durch die innere geistige Erleuchtung, die im Menschen erweckt wird durch die wirkende Kraft des Heiligen Geistes in ihm. Diese Kraft wird gestärkt durch die Ausübung, die selbstlose Erfüllung der Pflicht.

KRISCHNA.

1 Vor alten Zeiten gab ICH diese Lehre von der Unsterblichkeit

dem Herrn des Lichtes, Vivaswata.[1])
Von ihm kam sie auf Manu.[2])
2 Er lehrte sie Ikschwaku[3]),
und so wurde durch Überlief´rung sie
den königlichen Rischis[4]) bekannt und
hochgehalten.
Doch im Lauf´ der Zeiten fing man an, sie zu vergessen,
bis sie zuletzt verschwand.
3 Dir, teurer Prinz, will ICH sie nun von neuem offenbaren.
Tief ist sie, glaub´ es, und geheimnisvoll.[5])

Ardschuna.

4 DU warst, o HERR, viel später erst geboren,
nachdem Vivaswata erschienen war.

---

[1]) *Der Sonnengott – Die geistige Sonne des Weltalls.*
[2]) *Adam – Der Stammvater des Menschengeschlechtes.*
[3]) *Der Stamm des jetzigen Menschengeschlechtes.*
[4]) *Die Weltweisen (Patriarchen).*
[5]) *Das »Geheimnis« besteht selbstverständlicher Weise nicht darin, dass man es nicht »sagen will«, sondern darin, dass nur der geistige Mensch die zu ihrer Auffassung nötige geistige Erkenntnis besitzt. Die GOTTESWEISHEIT ist Torheit in den Augen der Welt, weil die törichte Welt die WAHRHEIT nur durch die Brille ihrer eigenen Torheit betrachtet.*

Wie soll ich´s denn verstehen, wenn DU sagst, dass
DU es warst, der ihm die Lehre gab?

KRISCHNA.

5 Schon vielfach waren die Erneuerungen
von MEINEM Dasein[1]);
6 vielfach auch die deinen.
Die MEINEN kenn´ ich alle, o Ardschuna! Doch
du, o Sieger, kennst die deinen nicht.
In MEINER GOTTHEIT bin ICH ungeboren,
unsterblich, ewig, und der Herr von allem,
was da geboren wird und lebt,
und dennoch wird MEINE Form geboren,
kommt und geht.
Dem flücht´gen Bild im Spiegel der Natur
drück´ ICH den Stempel MEINER
Menschheit auf
durch MEINES hohen Geistes Zauberkraft.
7 So oft der Menschen Sinn für Recht
und Wahrheit verschwinden will,
und Ungerechtigkeit ihr Haupt erhebt,
werd´ ICH auf´s neu´ geboren, zur rechten Zeit.

So will es das Gesetz.[1])
8 Zum Schutz der Guten, aber zum Verderben der Bösen komm´ ICH mitten unter sie, den Weg zu lehren, der zum Heile führt.
9 Wer MEINEN göttlichen Beruf

---

[1]) *Nach der indischen Lehre erscheint in jedem solchen Zeitalter eine Inkarnation von Vischnu, in dem der LOGOS als Mensch (GOTT-Mensch) auftritt, d. h. das göttliche Wesen offenbart sich in einem menschlichen Leibe. Ein solcher ist als Person ein Sohn der Kraft GOTTES und wird deshalb »GOTTES Sohn« genannt. (Lukas 1, 35.) Aber auch in allen dazu tauglichen Menschen und zu jeder Zeit kann das Licht des LOGOS zu lebendiger Kraft werden. (Galater II, 20.)*
Diese Vereinigung mit GOTT ist nicht ein Aufgehen im Nichts, sondern ein Aufgehen des zeitlichen Daseins im ewigen Sein, vergleichbar mit dem Aufflammen eines Funkens im Feuer, wodurch der Funke zum Lichte wird.
„Als der VATER alle Kreaturen gebar, da gebar ER mich, und ich floss aus mit allen Kreaturen und blieb doch im VATER immanent. So sind wir SEIN einziger Sohn, den der VATER ewiglich geboren hat. Der einzelne Mensch ist nicht die ganze Menschheit. Lege ich nun ab, was mich von anderen Menschen trennt, alle individuellen Unterschiede, und kehre ich zu meinem reinen Wesen zurück, so bleibt da das Wesen übrig, das ewig in GOTT gestanden hat als das Gegenbild seines Wesens, als sein Sohn". (Eckhart.)

und MEINER Fleischwerdung heiliges
Geheimnis kennt,
wird nach dem Tode nimmermehr geboren. Befreit
vom Körper, ist er frei der Last des
Irdischen
und sinkt nicht mehr herab,
Wohl ihm, o teurer Prinz! Er kommt zu MIR.

10 So manche kommen frei von Furcht zu MIR,
frei von Begehrlichkeit und Leidenschaft,
Die Herzen halten sie auf MICH gerichtet
und sind gereinigt durch der Liebe Feuer,
und geh´n beim Tode in MEIN Dasein ein,
11 Wer MICH verehrt, den heb´ ich auf zu MIR;
auf MEINEM Wege wird er freudig wandeln.
So wie ein Mensch MICH achtet, acht´ ICH ihn.
12 Wer Lohn für seine frommen Werke sucht, der
bringt den niedern Göttern Opfer dar.[1] Nicht
schwer ist ein Erfolg in dieser Welt
für den, der darnach trachtet, zu erringen.

---

[1] *Den Devas und Elementarwesen; den Geistern der Habsucht, Wissbegierde usw..*

13 ICH bin's, der die vier Stände hat geschaffen[1]),
nach ihren Eigenschaften und Talenten
sie hoch und niedrig ordnend in der Welt.
Ja ICH, die Ruhe, schuf die Ruhenden,
und ICH, das Leben, die Lebendigen;
14 doch kann MEIN Werk MICH nimmermehr beflecken.
ICH hege kein Verlangen nach Gewinn.
Wer eins mit MIR ist, wird von allem frei
und ist durch seine Werke nicht gebunden.
15 Die alten Weisen, die die Freiheit liebten, erkannten dies
und strebten nach Erlösung in guten Werken. Wirke du wie sie.

16 Doch zweifelnd sprichst du:
„Oftmals wird gefragt,
von Weisen und von Dichtern:
„Was ist Tun, und was Untätigkeit?" —
ICH will dich lehren, was jenes Wirken ist,
das Freiheit bringt:

---

[1]) *Die vier Kasten: 1. Brahminen = Priester und Gelehrte; 2. Kschattriyas = Krieger; 3. Vaisyas = Kaufleute; 4. Sudras = Arbeiter.*

17 So höre denn und suche zu erfassen
die Unterscheidung zwischen diesen dreien:
Tun und Vermeiden und Untätigkeit.
Dornig und schwer zu finden ist der Pfad.[1]
18 Wer in der Handlung, welche er vollbringt,
die Ruhe sieht
und in der innern Ruhe die Tätigkeit,
den nenn´ ICH einen Weisen.[2]
Ob er nun wirke oder ruhe,
immer erfüllt er seine Pflicht und handelt recht.
19 Frei ist sein Werk vom Fluch des
Eigenwahnes;
sein Sehnen nach Belohnung ist verzehrt
vom reinen Feuer heiliger Erkenntnis.
Ein Heiliger wird er mit Recht genannt;
denn heilig ist der Geist, der ihn erfüllt.
20 Er ist zufrieden in sich selbst;
es bindet ihn keines seiner Werke,
denn er wirkt nicht aus sich selbst,
wenn Werke er vollbringt.

---

[1] *Wollen, Denken und Tun greifen in ihren Ursachen und Wirkungen fortwährend ineinander, da jede Wirkung wieder neue Ursachen schafft.*
[2] *»Wem Zeit ist wie Ewigkeit und Ewigkeit wie Zeit, der ist befreit von allem Streit.« (Jacob Böhme.)*

21 Er hofft nicht auf Gewinn und fürchtet nicht Verlust;
er lebt vollkommen in sich selbst.
Herr aller seiner Sinne und Gedanken,
ist er ein König in dem innern Reiche.
22 Er wohnet rein und sündlos unter Sündern und nimmt mit Gleichmut, was sich bietet, an. Kein Unglück trifft ihn schwer,
es kann kein Glück ihn tief bewegen;[1])
denn er bleibt sich gleich in Freud und Leiden.
23 Jedes seiner Werke geschieht in GOTTES Geist und ist ein Opfer auf dem Altar der Liebe. Sieh´, das Feuer der reinsten Liebe zehrt es völlig auf.
24 GOTT ist die Liebe, GOTT das Opferlamm; ER ist´s, der opfert,
und im Opferfeuer wohnet ER auch selbst
und gibt dem Feuer Nahrung.
Es opfert GOTT in GOTT,
und kommt zu GOTT, wer in dem Opfer GOTTES nur gedenkt.[2])

---

[1]) *»Lass Alles, so findest du Alles. Reiß die Begierde aus, so wirst du Ruhe finden.« (Thomas v. Kempen.)*
[2]) *»Du bedarfst MEINER; ICH bedarf deiner nicht. Du kommst nicht MICH zu heiligen, sondern ICH komme, um dich zu heiligen*

25 Es gibt gar viele, die mit eitlem Krame
und leerem Altarrauch den Göttern dienen,
doch andre bringen bess´re Opfergaben
im Feuer Brahma´s (Gottesliebe) dar.[1])
26 Im Feuer der Entsagung opfern manche,
was Aug´ und Ohr und and´re Sinne freut,
und and´re opfern mit entflammten Herzen
ihr Beten und den frommen Lobgesang.[2])
Auch gibt es viele, die im myst´schen Feuer
der Selbstbeherrschung,
das der Wahrheit Licht entzündet hat,
auf dem Altar des Herzens entsagungsvoll
des Lebens Freuden opfern[3]).

---

und zu bessern.« (Thomas v. Kempen.)
(Das »ICH« ist das wahre göttliche, das »du« das scheinbare Selbst. In Wirklichkeit existiert weder »ICH« noch »du«, sondern dieser Unterschied beruht auf der durch die Nichterkenntnis hervorgerufenen Selbsttäuschung.)
[1]) *»Ohne Liebe nützt ein äußeres Werk nichts. Was aber aus Liebe geschieht, wie geringfügig und unscheinbar es auch sein mag, das wird durch und durch fruchtbar.« (Thomas v. Kempen.)*
[2]) *»Wer die Stimme der Stille in sich hören will, dessen Ohr muss gegen alle äußeren Geräusche unempfindlich geworden sein.« (H. P. Blavatsky, »Das Buch der goldenen Lehren.«)*
[3]) *»Lasset uns die Bilder der Buchstaben in uns alle zerbrechen und töten, dass kein einziges mehr leben bleibe, und lasset uns nichts weiter*

28 Dann jene, die, gebunden durch Gelübde,
des Reichtums und der Demut Opfer bringen durch
strenge Buße, Fasten und Kastei´n,
und die durch stilles Lesen in den Büchern
und tiefes Grübeln nach Erkenntnis suchen.
29 Dann jene, die dem innern Geistesatem
den äußern Atem anzupassen suchen, geistatmend
des Gedankens Kraft zu stärken, und ihn als Liebe
wieder auszuhauchen;
wohl achtend, dass sich kein Gedanke nahe,
der nicht dem Heil´ der Seele nützlich ist.[1])
30 Auch üben manche viel sich im Entbehren. Das
körperliche Leben suchen sie
dem Geistesleben völlig aufzuopfern.
Sie alle sind im Opfern wohl bewandert,
und werden dadurch vieler Sünden ledig.[2])

---

von GOTT begehren zu wissen, als einzig und allein, was GOTT in uns und durch uns wissen will. (J. Böhme, »Mysterium«, 36.)
[1]) *Das bezieht sich auf gewisse Ausübungen von Hatha Yoga. Der Mensch muss zuerst geistig atmen lernen, ehe er den äußeren Atem, so wie es hier gemeint ist, regieren kann.*
[2]) *»Wenn der eigene Wille der Selbstheit abstirbt, so ist er von Sünden frei.« (J. Böhme, »Gelassenheit«.)*

31 Und wer vom Rest des Opfers sich ernährt,
das er MIR darbringt,
geht zu Brahma ein, dem Ewigen;
doch wer kein Opfer bringt,
für den ist nichts zu hoffen,
nicht in dieser und nicht in einer andern Welt,
o Prinz!

32 Vor BRAHMAS Angesicht sind ausgebreitet die Opfer alle,
und ER nimmt sich das, was IHM gehört.
Sieh! Alle diese Opfer entspringen aus dem Tun.[1])
Erkennst du das, so bist du durch der Wahrheit Licht befreit.[2])
33 Das Opfer, welches MIR die Weisheit bringt, ist besser als das Opfer des Besitzes.
Der Wert des Opfers liegt für MICH im Willen des Gebenden,

---

[1]) »Wo die Kreatur endet, da erst beginnt GOTT. GOTT begehrt von dir nichts weiter, als dass du aus dir selber, wie du mit dem Kreatürlichen behaftet bist, herausgehest, und GOTT GOTT in dir sein lassest.« (Eckhart.)
[2]) Vergl. 2. Korinther III, 17. — Johannes VIII, 32.

in des Gehorsams Kraft.¹)
34 Das wird erlangt durch Demut und Ergebung
und Unterricht.
Wenn du die Wahrheit liebst,
so werden Jene, die die Wahrheit kennen²),
in deinem Streben dir behilflich sein.
35 Wenn du die Wahrheit kennst,
so wird dir nie des Irrtums Zweifel wieder
Schmerz bereiten.
O Pandu's Sohn, die Wahrheit wird dich lehren,
dass in dir selber alle Welten sind³)
und du in MIR.

---

¹) »*GOTT hat uns nicht zur Eigenheit geschaffen, sondern zum Werkzeug SEINER Wunder, durch das ER will SEIN Wunder selber offenbaren.*« (*J. Böhme, »Gelassenheit.«*)

²) *Unter diesen Führern steht der innere Führer obenan.*
»*Der Leib des Menschen muss von seinem eigenen Geist lernen und von keinem fremden Geiste. Aber sein Geist muss lernen von einem fremden Geiste; denn er mag's nicht allezeit von ihm selber haben.*« (*Theophr. Paracelsus, Philosophiae Tract. V.*)

³) »*Wer die Dinge lässt, sofern sie ein nichtiges, zufälliges Sein sind, der erwirbt sie, sofern sie ein reines Wesen und ewig sind. Wer alle Dinge gelassen hat in ihrer niedrigsten Form, wo sie sterblich sind, der empfängt sie wieder in GOTT, wo sie Wahrheit sind.*« (*Eckhart.*)

36 Und wärst du auch der größte von allen Sündern,
würde doch das Schiff der Selbsterkenntnis
in der Wahrheit Licht dich sicher übers Meer
des Irrtums bringen.
37 So wie das Feuer alles Holz verzehrt,
bis nichts als Asche übrig bleibt,
so nimmt das Flammenfeuer der Erkenntnis alles,[1])
was wertlos ist, hinweg.
38 Es gibt auf Erden kein reinigendes Mittel,
das ihm gleicht.
Wer ernsthaft Wahrheit sucht, der findet Sie, wenn
er Sie in sich aufnimmt, in sich selbst.
39 Sie kommt zu ihm und wird ihm offenbar, wenn
er Sie liebt und seiner Lüste Meister
geworden ist.
Und hat er Sie erlangt,
so geht er ein zum höchsten Gottesfrieden,
zur höchsten Ruhe, höchsten Seligkeit.
40 Wer nicht die Wahrheit liebt und kennt, verdirbt.

---

[1]) *»Soll die Seele GOTT erkennen, so muss sie auch sich selber vergessen und verlieren; denn indem sie sich selber sieht und erkennt, so sieht und erkennt sie GOTT nicht. Wer GOTT empfangen soll, der muss sich gänzlich dahingehen und sich seiner selbst entledigt haben.« (Eckhart.)*

Der starre Zweifler findet keine Rast
in dieser, noch in einer andern Welt,
auch findet er nicht Ruh´ im Ewigen.[1])
41 Doch wer sich selbst gefunden hat,
ist Herr des Selbstes,
erhaben über alles Wirken.
Ihn bindet nichts,
und seine Zweifel schwinden im Lichte der
Erkenntnis GOTTES hin.
42 So töte denn, o teurer Prinz, die Zweifel,
die aus der Nichterkenntnis Finsternis
geboren sind
und dir das Herz beklemmen.
Zerspalte sie mit der Erkenntnis Schwert;
sei kühn und tapfer und erhebe dich.

---

[1]) *Wer an das Dasein dessen, was er erkennen zu wollen meint, nicht glaubt, der hindert sich selbst, es zu erkennen.*
»Der Glaube steht im Gegensatze zu allein äußeren Erfahren und Wahrnehmen, weil er ein unergründliches Licht ist. Als dieses unergründliche Licht macht uns der Glaube eben durch die Größe des Wissens frei vom Vielwissen, durch die Größe des Wollens frei vom Begehren und durch die Fülle der Bilder von Bildern frei.« (Eckhart.)

FÜNFTER GESANG

KARMA SANYASA YOGA
VON DER SELBSTLOSIGKEIT
IN HEILIGEN WERKEN

Das 5. Kapitel spricht von den „Heiligen Werken", es Zeigt, dass der äußere irdische Mensch aus eigenem Willen und eigener Kraft nichts Gutes oder Heiliges tun kann, sondern dass alles Gute von seinem Höheren Selbste bzw. von GOTT kommt. Um weise zu handeln, muss man Weisheit besitzen, und wer Weisheit besitzt, handelt nicht „selbst", sondern als Werkzeug des (göttlichen) Willens, dessen Mutter die Weisheit ist.

Ardschuna.

1 DU lobst, o HERR! Enthaltsamkeit vom Tun,
und preisest dennoch wieder das Vollbringen.
O, sag´ mir mit Bestimmtheit,

welcher denn von diesen beiden ist der bess´re Weg?

KRISCHNA.

2 Gut ist´s, von allem Tun sich zu enthalten,
und gut, im rechten Geiste Gutes tun;[1]
denn beides führt zum Ziel; doch von den beiden das beste
ist das heilige Vollbringen.
3 In Wirklichkeit entsagend ist nur der,
der nichts vermeidet und auch nichts begehrt: von
allen Gegensätzen, Furcht und Hoffnung,
in seinem Tun und Lassen unberührt.[2]
4 Die Unerfahr´nen sprechen von dem Tun und vom Erkennen so,
als ob das zwei verschied´ne Dinge seien;

---

[1] *Die Kontemplation eignet dem Grund der Seele; das wirkende Leben gehört den Kräften an. Beides widerspricht sich nicht; vielmehr wird eins durch das andere gestützt und getragen.« (Eckhart.)*
[2] *»Sobald die Seele in der Selbstheit vom Vernunftlichte isset, so wandelt sie im eigenen Wahn, und ihr Licht, das sie für göttlich ausgibt, ist nur aus der Konstellation.« (J. Böhme, »Gelassenheit«.)*

doch die Weisen sind überzeugt, dass, wer das
eine pflegt,
auch von dem andern gold´ne Früchte erntet.
5 Das Reich der Ruhe, das die Wissenden erlangen,
wird auch durch das Tun erreicht.
Wer einsieht, dass die beiden eins nur sind,
der sieht mit klarem Auge.

6 Aber schwer ist Selbstbeherrschung, Starker, zu
erringen,
wenn nicht des Glaubens Kraft das Herz
durchdringt.
Der Weise, welcher durch der Wahrheit Kraft
sich selbst verleugnet,
geht in Brahma ein.
7 Er ist im Guten stark, von Herzen rein,
des eignen Ichs und aller Sinne Meister;
im Leben aller geht sein Leben auf,
und nichts von seinem Tun berührt ihn selbst.
8 Denn er erkennt, dass er nicht selber wirkt;
obgleich er sieht und hört, empfindet, riecht. Beim
Sehen, Hören, Riechen und Empfinden, beim
Stehen oder Gehen, Wachen, Schlafen,

9 beim Sprechen, Stillesein, Geschehenlassen,
ob er die Augen öffnet oder schließt,
in allem sieht er nur der Sinne Spiel
mit Sinnesgegenständen.
10 Wer, wie er,
vom Eigenwahn und dessen Banden frei,
im Geiste GOTTES, was er tut, vollbringt,
der sündigt nicht,
der gleicht der Lotusblüte, die nicht der Teich,
in dem sie wächst, befleckt.
11 Mit Geist und Körperkraft, Gemüt und Herz, und
mit den Kräften aller Sinne
ringt der Yogi nach der Reinigung der Seele; doch
sucht er nichts für sich in diesem Werke.
12 Wer freudig alles aufgegeben hat,
erlangt schon hier den höchsten Seelenfrieden;[1]

---

[1] »*Wenn die Seele ihr wahres Wesen wiedergewonnen hat, und in ihrer ursprünglichen Unschuld steht; die (irdische) Vernunft und alles Zeitliche dahinten geblieben, und die Seele in die lautere Einheit aufgenommen ist, dann wirkt in der Seele GOTT, was sie bisher mit ihrer obersten Kraft gewirkt hat. Von dem Menschen, der dazu gelangt ist, kann man wohl sagen: Dieser Mensch ist GOTT und Mensch. Er hat alles erlangt aus Gnaden, was Christus hatte von Natur.*« (Eckhart.)

doch wer in seinem Werk nach Vorteil hascht, den bindet sein Begehren an sein Werk.
13 Der Weise, der in seinem Erdenleben von Selbstsucht frei ist,
wohnt, auch wenn er wirkt, voll Ruh´ in seinem Himmel,
„in der Stadt mit neun bekannten Pforten".[1]
Er tut nichts, und er befiehlt auch nichts.

14 Der HERR der Welt schafft selber nicht das Werk und nicht den Trieb,
noch die Begierde nach der Frucht der Werke;[2]
des Menschen eigener Natur entspringt des Menschen Tun.
15 Es nimmt der HERR der Welt
auf SEINE Schultern keines Menschen Last.
Erhaben ist ER über alles Wirken,
vollkommen in sich selbst.

---

[1] *Die Tore, durch die die Seele aus- und eingeht, Eindrücke empfängt und sie mitteilt.*
[2] *Desgleichen nimmt auch im Mikrokosmos des Menschen das Gewissen keinen tätigen Anteil an dessen Beschäftigungen, sondern verhält sich als stiller Zuschauer, und sein Gesetz dient dem Menschen als Richtschnur für seine Handlungen.*

Die Menschen irren durch Torheit,
weil der Nichterkenntnis Nacht der Wahrheit
Licht verhüllt.
16 Doch wo das Dunkel dem Lichte weicht,
da ist der helle Tag;
wie wenn die Sonne aus den Wolken tritt,
so wird die Wahrheit herrlich offenbar.[1])

17 Wer an den EINEN denkt und in IHM ruht, der wandelt frei von Zweifeln und erleuchtet den Weg, von dem es keine Rückkehr gibt.
Er ist befreit von Sünden durch das Licht
der WAHRHEIT.
18 Wer in diesem Lichte sieht,
sieht GOTT in allen Wesen,
im Brahminen, im Hund´, im Elefanten,
in der Kuh,
ja selbst in dem verworf´nen Swapaka.

---

[1]) »*Wohl dem, den die Weisheit durch sich selbst belehrt; nicht durch vergängliche Bilder und Worte, sondern so, wie sie ihrem Wesen nach ist.*« *(Thomas v. Kempen.)*

19 Die Welt wird schon auf Erden überwunden durch den,
der fest im Licht der WAHRHEIT steht,[1]
im Glauben an die Einheit.
Sündlos wohnt Brahma in ihr, und wer ihn kennt, in Brahma.
20 Lass´ dich im Glück von Freude nicht beherrschen.
Und werde nicht verzagt im Missgeschick. Schwing´ dich empor zur wolkenlosen Klarheit,
versenke dich in GOTT und leb´ in IHM.
21 Wer seine Seele frei von allen Dingen,   die sie von außen her berühren, hält,
erlangt sein wahres Selbst, den wahren Frieden,
des wahren Daseins wahre Seligkeit.
22 Die Freuden, die der Sinneswelt entspringen,
enthalten Keime für zukünft´ges Leid;
sie kommen und vergeh´n, o Kunti´s Sohn!
und nicht in diesen sucht der Weise Heil.

---

[1] *Die WAHRHEIT selbst bleibt sich immer gleich, wenn auch die Meinungen der Menschen in Bezug auf Sie, und die Handlungen, die aus ihnen entspringen, noch so verkehrt sind.*

23 Denn glücklich ist nur jener, dem´s gelingt,
so lang´ er noch des Lebens Bürde trägt,
die Triebe, welche Lust und Zorn erzeugen, durch
der Erkenntnis Kraft zu überwinden.
24 Er wird mit Recht ein Heiliger genannt.
Er findet seinen Himmel in sich selbst;[1]
sein Leben ist mit Brahma´s Leben eins,
Nirvana´s Pforte öffnet sich für ihn.
25 So gehn die Rischis schon in dieser Welt,
der Zweifel ledig, Meister ihrer selbst,
und aller Wesen Wohlfahrt sich erfreuend,
ins Dasein GOTTES, in Nirvana, ein.
26 Und alle, die da frei von Lust und Hass,
in Demut stark, im Licht des Glaubens leben,
das Selbst beherrschen und die Seele kennen,
sie sind dem wahren Gottesfrieden nah.

27 Jedoch der Yogi, der im Lichte lebt und jeglicher
Berührung mit dem Reiche
der Sinne sich entzieht,

---

[1] *GOTT in SEINEM Innersten ist die ewige Ruhe. Wer tief genug in sein eigenes Innere dringt, in den Mittelpunkt, wo GOTT wohnt, der findet Ruhe in IHM.*

dess' Geistesauge geöffnet ist,
und dessen Geistesatem vereinigt mit dem
Lebensatem ist;[1])
28 Er, der erfüllt von GOTT, mit Gotteskraft,
Gemüt und Herz in dieser Kraft beherrscht
und ohne Habsucht nach Erlösung ringt,
ist seiner Selbstheit ledig und erlöst.
29 Denn er erkennt MICH als sich selbst,
den EINEN,
der Wesen Wesen,

---

[1]) *Da der Körper mit seinen Funktionen der äußere Ausdruck der Seele mit ihren Tätigkeiten ist, so kann auch durch die Seele, wenn sie geistig erwacht ist, der äußere Atem beherrscht werden. Man unterscheidet dreierlei Arten von Atem, die einem regelmäßigen Wechsel unterworfen sind und dreierlei Gemütszuständen entsprechen: Nämlich, je nach den zwei Polarströmungen im Körper, »Pingala« (elektrisch), wobei der Atem rechtsseitig, »Ida« (magnetisch), wobei er linksseitig ist, und »Suschumna« (die Mitte), wobei der Atem durch beide Nasenlöcher gleichzeitig ein- und ausgeht. Die Verschiedenheit des Atems entspricht der Verschiedenartigkeit der Bewegung von Prana (Lebenskraft), im Menschen und im Universum, und ist von großer Bedeutung. (Siehe: Rama Prasad, »Nature's finer Forces«. (Viel genauer wird das im Buch `Der Weg zum wahren Adepten´ erklärt – Der Herausgeber!))*

MICH den Offenbaren, DER Opfer annimmt, und
auch MICH, den HERRN der Welten,
den nichtoffenbaren GOTT,
DEN nichts berühren kann,
in DEM ein jeder Zuflucht und Schutz
vor allem Übel findet.[1])

---

[1]) *Matthäus XI, 28.*

SECHSTER GESANG

ATMASANYAMA YOGA
VON DER SELBSTBEHERRSCHUNG

Die Wiedervereinigung mit dem Höchsten Sein kommt zustande durch die innerliche Heiligung, aus der die Herrschaft des Geistes über das Materielle erwächst.

KRISCHNA.

1 Wer, was geschehen soll, geschehen macht,
   und nichts dabei für sich zu haschen sucht,
      der ist ein Weiser und ein Heiliger;
   doch weder weise noch auch heilig ist,
   wer nicht die Opferflamme selbst entzündet,
   und nicht zum großen Werk die Hände rührt.[1]

---

[1] »Die Liebe, die sich in äußeren Werken offenbart, ist nicht der letzte Grund, sie ist nur eine Folge des inneren Werkes. Dieses innere Werk ist ein beständiger, immer neugefasster Willensentschluss, dem eigenen

2 D´rum wisse Prinz! Was man Entsagung nennt, ist die Ergebung in des HÖCHSTEN Tun.
Wer sich nicht ganz dem höchsten Tun ergibt, hat nicht entsagt.
Entsagung ist das Werk[1]).
3 Durch der Entsagung Werk gelangt der Fromme zur Heiligung,
und Heiligung ist Ruh, die nur durch Stillehalten wird erlangt.
4 Der Weise handelt weise,
und es leitet in seinem weisheitsvollen Wirken ihn kein Streben nach Gewinn und keine Absicht, für sich zu sorgen.
Er erwartet nichts.
5 So soll ein jeder selbst sich durch sich selbst (durch Seelenkraft) erheben.

Willen zu entsagen, und sich GOTT ganz zu ergeben. Es ist eine, aus allen Anregungen der äußeren Welt sich wiederherstellende Ruhe. (Eckhart.)
[1]) *Da der Geist des Menschen durch die Ergebung in GOTT göttlich wird, so ist die größte Ergebung auch die höchste Erlangung, die vollkommenste Buße, unendliche Glückseligkeit und die tiefste Demut, die höchste Erhebung.*

aber nicht das Selbst entwürdigen.
Es ist das Selbst[1]) der Seele Freund
und auch ihr schlimmster Feind.
8 Wer durch das (wahre) SELBST das Selbst bezwingt,
der ist sein eigner Freund,
doch kann das Selbst der Feind der Seele werden,
wenn es nicht die eig'ne Selbstheit hasst.
7 Der Geist des Menschen,
der voller Ruh' und Selbstbeherrschung ist, wohnt in sich selbst (in seinem wahren Ich[2]), dort bleibt er unberührt von äußern Dingen, gleichgültig gegen Hitze oder Kälte,
Lust oder Leid, Verehrung und Missachtung.
8 Er ist ein Yogi, ein Vollkommener; erkenntnisreich, das Herz voll Seligkeit: erleuchtet steht er auf des Geistes Höhen, und seine Sinne sind ihm untertan.

---

[1]) *Atma – Es ist hier von der Beherrschung der angenommenen Ichheit des Niederen Selbstes, der vergänglichen Persönlichkeit durch das unvergängliche Höhere Selbst (Individualität) die Rede.*
[2]) *Im Gottesbewusstsein.*

Gleichwert für ihn ist jedes Ding;
ein Stein, ein Klumpen Lehm, soviel als
glitzernd Gold.
9 Daran erkennt man ihn,
dass liebevoll er gegen alle, die ihm nahen, ist; ob
sie nun Freunde oder Feinde seien.
Bekannte oder Fremde, einerlei,
ob gut, ob böse; alle liebt er sie.
10 So soll er einsam, abgesondert sitzen,
in heil´ger Andacht und in GOTT versunken,[2])
beherrschend seine Sinne und Gedanken,
11 begierdenfrei an einem reinen Ort,
der nicht zu niedrig ist und nicht zu hoch.
Dort soll er bleiben;
sein Besitztum sei das Lendentuch, Rehhaut
und Kusa-Gras,[3])
12 Gemüt und Herz nur auf den Einen richtend,
ein Meister seiner Sinne und Gedanken,

---

[1]) *Diese Gelassenheit entspringt nicht dem Selbstwillen oder Eigendünkel, sondern dem Selbstbewusstsein GOTTES im Menschen, das über alle persönlichen Neigungen oder Abneigungen erhaben ist.*
[2]) *Koloss. I, 27.*
[3]) *Symbole der Keuschheit, Sanftmut und Festigkeit.*

in seinem Sitze ruhend, sorgenfrei.
So soll er Yoga üben,
um die Reinheit der gottergeb´nen Seele
zu erlangen.
13 Sein Körper, Kopf und Hals sei unbewegt, und
fest auf seiner Nasenspitze soll sein Auge
haften.[1])
Abgeschieden muss er völlig sein
und sich um nichts bekümmern.
14 Voll Seelenruhe, frei von aller Frucht
und im Gelübde unerschütterlich,
an MICH nur denkend und in MICH versenkt,
ergibt er sich mit seinem ganzen Wesen,[2])
in MICH.
15 Und so beständig in MIR ruhend,

---

[1]) *Im Originale heißt es: »Den Blick nach der Nasenspitze gerichtet«. Dass damit nicht ein Schielen nach der Nasenspitze gemeint ist, wie verschiedene Kommentare lehren, geht schon daraus hervor, dass in der geistigen Versenkung alle äußeren Sinne untätig sind. Wohl aber findet eine innerliche Vereinigung der beiden Pole von Prana statt.*

[2]) *»Umfasse MICH mit deinem ganzen Herzen und deinem ganzen Gemüt, und was immer du wissen willst, das will ICH dir lehren«. (Hermes Trismegistus. II, 3.)*

ein mächt´ger Herrscher in dem eignen Reiche,
geht er zum Frieden, ins Nirvana ein.
16 Vereinigung wird jenen nicht zu teil,
die übermäßig fasten,
und auch nicht den Fressern oder Schläfern, noch
auch dem, der durch zu vieles Wachen
sich entnervt.
17 Sie wird, o Prinz, von jenem nur erlangt,
der mäßig ist im Essen und im Schlafen
und im Vergnügen,
der zur rechten Zeit der Ruhe pflegt,
und, wenn es nötig, wacht.[1])
18 Ein solcher, der im Innern selbstbeherrscht und
selbstbewusst und frei von allem ist,

---

[1]) »*Die Kontemplation wäre nicht die rechte, wenn sie sich zu dem wirkenden Leben in einen feindlichen Gegensatz stellen wollte. Das irdische Leben hat seine unabweisbaren Forderungen, die erfüllt sein wollen. So lange die Seele in diesem Leibe ist, treten mit voller Berechtigung göttlicher Verpflichtung die Bedürfnisse des endlichen Daseins an sie heran; sie muss sich mit tätiger Liebe in die Bedingungen des eigenen Lebens und in die Interessen der Brüder hineinstellen. Die Kontemplation und diese tätige Liebe können keine Gegensätze sein, der (missverstandene) Quietismus ist eine unmögliche, eine in sich widerspruchsvolle Denkweise*«. *(Adolf Lasson, »Meister Eckhart".)*

was die Begierde reizen könnte,
wird ein Yukta, ein „Begnadeter", genannt.

19 Wie eine Flamme, die am stillen Orte,
wo sie kein Wind bewegt, nicht flackern kann,
so strebt das Herz, vor Sinnessturm geschützt und
in der Gottesliebe Feuer brennend,
zum Ewigen empor.
20 Wenn das Gemüt durch stete Übung Ruh´
gefunden hat,
an jenem Ort, wo die Erkenntnis herrscht;
wo der erhab´ne Geist sich in sich selbst beschaut
und alles in sich selber findet;[1]
21 wenn das Gemüt die Seligkeit erkennt,
die kein Verstand erfasst,
und die sich nur der Seele durch die Seele
offenbart,
und wenn es fest darin verharrend
nie von der erkannten Wahrheit sich entfernt,

---

[1] »In dem Wesen der Seele können wir GOTT scheu und erkennen, und je mehr der Mensch in diesem Leben dem Wesen der Seele mit seiner Erkenntnis nahe kommt, desto näher ist er der Erkenntnis GOTTES. In dir selber liegt die Wahrheit. Niemand findet sie, der sie in äußeren Dingen sucht«. (Eckhart.)

22 und wenn der Mensch, der dieses Ziel erreicht,
die Wahrheit höher schätzt als alle Schätze,
und unerschütterlich darin verbleibt,
so dass kein großes Leid ihn mehr bewegt,
23 dann weiß er, dass die Abgeschiedenheit
von allem Schmerz
vollkomm´nes Yoga ist.[1])
Durch Selbstbeherrschung, Mut, Entschlossenheit,
Standhaftigkeit wird dieses Ziel erreicht.
24 Auch muss er alles Träumen, alles Schwärmen,
Gewinnsucht, Eitelkeit und Größenwahn
aus seinem Herzen reißen.

---

[1]) *»Da verstummen alle Sinne, der Wille der Seele und der Wille GOTTES fließen ineinander, und umfassen sich liebevoll in vollkommener Einigung. Da kann die Seele nichts mehr und nichts weniger wirken als göttliche Werke, weil an ihr nichts mehr lebt als GOTT. Da wird ein Pfeil ohne Zorn abgeschossen, und man empfindet ihn ohne Schmerzen; da wird aufgetan der lautere und klare Brunnen der Gnadenarznei, der das innere Auge erleuchtet, sodass sie in wonnevoller Anschauung die Wollust göttlicher Heimsuchung empfindet, in der man nie gehörte Dinge an geistlichem Schätze findet, die nie gehört noch gepredigt, und nie in einem Buche verzeichnet worden sind.« (Eckhart.)*

alle Tore, durch die die Sinneswelt
in sein Gemüt einziehen kann, verschließen
und bewachen.[1])
25 Dann kommt er Schritt für Schritt
dem Tempel nah
und lernt die Herrlichkeit des Friedens kennen,
der in dem selbstbeherrschten Herzen wohnt;
dort, wo die Weisheit in sich selbst regiert,
und wo der Seele wahre Freiheit wohnt.
26 Wenn auch das flatterhafte Herz sich sträubt und
ungezügelt in die Weite schweift,
so unterwirf es durch die Kraft der Liebe
und führ's zu GOTT zurück.
27 Es senkt sich nieder die höchste Seligkeit
in das Gemüt,
wenn sich im Herzen, das an GOTT sich bindet und
frei von Sünde ist, kein Wunsch mehr regt.
28 Wer so mit GOTT beständig sich vereint
und sich zum Opfer bringt

---

[1]) *»GOTT erhebt die Seele über alle Vorstellungen materieller und vergänglicher Dinge. Sie befindet sich in einem Zustande der Vergessenheit Ihrer selbst und aller Dinge, die nicht GOTT sind. GOTT erhebt die Seele auch über alle Pflicht inneren oder äußeren Wirkens«. (Eckhart.)*

der fühlt in sich die grenzenlose Seligkeit,
mit der ihn GOTTES stete Gegenwart erfüllt.
29 Mit GOTT vereinigt, hat er GOTTES Leben.
Sein Geist ist GOTTES Geist in allen Dingen, und
aller Dinge wahres Sein in ihm.
30 Wer MICH in allen Dingen als den EINEN
den HÖCHSTEN kennt
und jedes Ding in MIR,
den halt ICH fest, und er lässt MICH nicht los,
wie auch sein äuß´res Leben sich gestalte.
31 Wer MICH als den Alleinigen erkennt.
Der in dem Innern aller Wesen wohnt,
in diesem lebe ICH und er in MIR,
was auch sein Schicksalsweg auf Erden sei.
32 Wer in dem EINEN alles sieht, Ardschuna,
in Freude und in Leid
und über allem erhaben bleibt in der
Erkenntnis Kraft,
der ist ein Yogi und mit mir verbunden.

Ardschuna.

33 Ich finde keine feste Dauer, HERR, in diesem
Zustand der Ergebenheit,
den, wie DU sagst, durch Gleichmut man

erlangt;
denn stark und unbeständig ist das Herz.
34 Von Wankelmut und Eigensinn bewegt,
stürmt es dahin,
o KRISCHNA! Es ist schwer zu bändigen.
Nicht schwerer war´ es wohl, den Wind
im Zaum zu halten.

KRISCHNA.

35 Zweifellos, Langarm´ger, ist es schwer,
des Herzens Triebe zu zügeln,
denn das Herz ist flatterhaft
und nur durch Selbstentsagung zu bezähmen,
die durch die Übung zur Gewohnheit wird.
30 Nicht leicht kommt die Vereinigung zustande,
wenn nicht der Geist das Fleisch sich unterwirft;
doch wer der Selbstbeherrschung Kunst erlangt, für
den ist es nicht schwer, sie auszuüben, wenn er den
festen Willen nur besitzt.[1]

---

[1] »*Die wahre Nachfolge Christi besteht darin, dass jeder auf das merkt und festhalte, wozu gerade er von GOTT am meisten ermahnt wird*«. *(Eckhart.)*

Ardschuna.

37 Doch welchen Weg, o KRISCHNA,
wandelt jener,
der wohl den Willen hat, sich zu beherrschen,
doch nicht die Kunst besitzt
und im Entsagen noch wankelmütig,
unbeständig ist.
38 Geht er zu Grunde, Mächtiger?
Vergeht er gleich einer Wolke, die der Sturm zerteilt?
Verliert er nicht die Erde,
ohne doch die Seligkeit des Himmels zu gewinnen ?
Gern möcht´ ich, KRISCHNA, DEINE Antwort hören.
Nur DU allein kannst dieses Rätsel lösen.

KRISCHNA.

39 Zu Grunde geht er nicht, o Pritha´s Sohn,
in dieser Welt nicht und auch nicht in jener.
Wer Wahrheit liebt, geht nicht den Weg des Bösen;
wer ehrlich handelt, der verdirbt sich nicht.

40 Gelingt es ihm in diesem Leben nicht,
zum höchsten Ziele völlig zu gelangen,
geht er beim Tod in Indra´s Himmel ein
und ungezählte Jahre wohnt er dort,
bis er aufs neu in dieses Dasein tritt.[1])
41 Als Kind von edlen Menschen kommt er wieder,
vielleicht als eines Yogi´s weiser Sohn;
doch schwierig ist es, eine solche hohe Geburt auf
dieser Erde zu erlangen.[2])
42 So erntet er, auf´s neu geboren, dann,
was in dem frühern Dasein er gesät;
er nimmt die Wand´rung auf dem Weg zum
Lichte

---

[1]) *Der Zeitraum, der zwischen dem Tode und der nächsten Reinkarnation liegt, wird in gewöhnlichen Fallen auf ca. 2000 Jahre (?) angegeben, kann sich aber je nach dem Verhältnisse der angesammelten geistigen Lebenskraft auf Hunderttausende von Jahren erstrecken, während dessen der Geist in »Devachan« ein in gewissem Sinne allerdings illusives Dasein hat (da er, wie auch wir, in seinen eigenen Vorstellungen lebt), das aber ebenso »wirklich« ist, als unser jetziges Dasein. (Siehe H. P. Blavatsky, »Schlüssel zur Theosophie«.)*
[2]) *Sie ist schwer zu erreichen, weil es nur wenige heilige Familien gibt.*

dort wieder auf, wo er sie unterbrach;
allein mit bess´rer Aussicht auf Erfolg.
43 Das Hohe, das ihn vorher angezogen,
zieht ihn durch seine Kraft aufs neue an,
auch wenn er nicht den dunklen Drang erkennt.
44 Und wenn er dann von allen Sünden rein,
aus allen Kräften nach Erleuchtung strebend, nach
mancherlei Geburten endlich selbst
ein Yogi wird,
so öffnet sich vor ihm der höchste Pfad.[1])
45 Ein solcher Yogi gilt mir mehr als der Asketiker
und mehr als alles Wissen.
Höher steht er noch als jene, die da große
Werke tun.
Von allen Yogis ist der liebste MIR,
wer glaubensvoll sich gänzlich MIR vertraut,
wer sich mit ganzer Seele MIR ergibt,
der findet seines Herzens Ruh in MIR.

---

[1]) *Siehe H. P. Blavatsky, »Die Stimme der Stille«, »Die sieben Pforten«.*

SIEBENTER GESANG

VIDSCHUANA YOGA
VON DER RELIGIÖSEN
UNTERSCHEIDUNG

In diesem und den folgenden fünf Kapiteln wird die Lehre Krischnas behandelt und die beste Übung des „Radscha Yoga" gelehrt.
Das sechste Kapitel handelt von der Erlangung der geistigen Selbsterkenntnis: Der Erkenntnis des GEISTES, der im Menschen ist. Da GOTT die Liebe ist, wird diese Gottes-Erkenntnis durch die Kraft der göttlichen Liebe erlangt.

1 So wisse denn, wenn dein Gemüt
beständig auf MICH gerichtet ist,
o teurer Prinz!
wenn du mit voller Kraft das Yoga übst

und deine Zuflucht immer nimmst in MIR,
so wirst du sicherlich zu MIR gelangen.
2 Dann werde ICH dich MEINE Weisheit lehren
und die Gesetze der Erscheinungswelt.
Was ICH dich lehre, wird, wenn du´s erkannt,
dir weiter nichts zu lernen übrig lassen.

3 Doch unter tausend Menschen ist vielleicht
nur einer,
der mit Ernst die Wahrheit sucht;
und auch von jenen, die nach Wahrheit streben und
sie erlangen,
gibt es selten einen,[1] der es erfasst,
dass ICH die W a h r h e i t bin.
4 Als Erde, Wasser, Feuer, Luft und Äther,

---

[1] *»Die Mystik verspricht eine tiefere Erkenntnis, als die gewöhnliche, ja die tiefste, die möglich ist, aber die Absicht, sich vor dem Uneingeweihten in dunkeln Rätseln abzusperren, hat sie nicht. In der heiligen Schrift werden die wichtigsten Offenbarungs- lehren als Mysterien bezeichnet, teils, weil sie in Gleichnissen vorgetragen werden, die erst durch einen weiteren Aufschluss ganz verständlich werden, teils, weil sie die Kraft des natürlichen Verstandes überragen, und nur durch göttliche Offenbarung dem Geiste zugänglich werden«. (A. Lasson, »Meister Eckhart«.)*

Gemüt und Leben und als Selbstheit
stellt sich MEINES Wesens Offenbarung dar.[1])
Das ist mein stofflich Wesen.
5 Nun erkenne MEIN Höh´res Selbst
in dem Prinzip des Lebens,
wodurch, o Held, die Welt ins Dasein tritt.[2])
6 Sie sind die Quellen aller Daseinsformen;
ICH aber bin der Ursprung alles Seins;
der Welten Anfang und ihr Untergang.

---

[1]) *Unter den Elementen sind die »geistigen« Essenzen zu verstehen, die sich schließlich als sichtbare Erde, als Wasser usw. offenbaren. Das Gemüt, insofern es sich auf die niederen Seelenkräfte bezieht, ist auch materieller Natur, und desgleichen das Sonderbewusstsein, d. h. jenes täuschende, durch Nichterkenntnis erzeugte Selbstbewusstsein, das den Menschen glauben macht, dass er nicht bloß der Form, sondern auch dem Wesen nach von GOTT verschieden sei.*
»Die Elemente sind nur Eigenschaften des einen wahren Elementes (Prakriti), das weder heiß noch kalt, weder trocken, noch nass ist. Es ist das Weben und Leben des inneren Himmels, als das wahre, englische Leben nach der Kreatur«. (J.Böhme, »Mysterium magnum«.)
[2]) *»GOTT ist nicht das Absolute. Das Absolute, der allgemeinste Begriff, der auch GOTT unter sich befasst, heißt die GOTTHEIT« (Eckhart.)*
»GOTT ist der Wille der ewigen Weisheit«. (J. Böhme.)

7 Es gibt nichts Höheres als MICH, o Prinz,
und keinen andern Schöpfer oder Herrn;
die Welten alle sind an MICH gereiht,
wie Perlen an der Perlenschnur.
8 ICH bin's, der dich im frischen Wassertrunk erquickt;
ICH bin das Mondlicht und das Sonnenlicht; ICH bin das heil'ge OM, der Lobgesang,
der aus den Veden spricht,
die Harmonie des Himmels
und der Männer Zeugungskraft.

9 ICH bin der Erde Wohlgeruch,
der Glanz des Feuers
und das Leben selbst in allem Lebenden,
die Heiligkeit[1]) in dem, was heilig ist.
10 In allen Dingen bin ICH der Same der Unsterblichkeit,
die Weisheit in dem Weisen,

---

[1]) *GOTT ist das, was in sich keine besonderen Eigenschaften hat, aber allen Dingen ihre Eigenschaften erteilt. Mit anderen Worten, jedes Ding ist eine Offenbarung GOTTES und der Grad dieser Offenbarung hängt von dem Grade der Vollkommenheit der Dinge ab.*

der Verstand in dem Verständigen,
die Herrlichkeit in dem, was herrlich ist.
11 ICH bin die Stärke der Starken,
frei von Habsucht und Begierde,
ICH bin die Liebe in dem Liebenden;
die reine Liebe, die von keinem der Gesetze verboten ist;
o Prinz der Bharater!
12 Sieh! Das, was die Natur den flücht´gen Formen,
die sie gebiert, verleiht,
die „Güte" oder die „Leidenschaft" und auch das „Dunkel"[1]),
alles empfangen sie von MIR.
Sie sind in MIR; jedoch nicht ICH in ihnen.

13 Und geblendet von den drei Eigenschaften der Natur,
die sich in allen Formen offenbaren,
erkennt die Welt MICH nicht, den EWIGEN,
Der ICH erhaben über alle bin.
14 Wohl ist es schwer, den Schleier zu durchdringen,

---

[1]) *Bewusstsein, Kraft und Stoff (Sattwa, Radschas, Tamas), die drei Naturkräfte oder Gunas.*

den Zauberkreis der wechselnden Natur,
der dir, o Prinz, MEIN Angesicht verhüllt;
doch wer zu MIR allein sich wendet,
der erhebt sich über ihn und kommt zu MIR.
15 Die Übeltäter und die Toren,
wenden sich nicht zu MIR,
auch die Gemeinen nicht, die niedrig denken; noch auch jene, die im großen Schauspielhause der Natur das Schauspiel nur, doch nicht den MEISTER sehen;
auch jene nicht, die nach Dämonenart
beschaffen sind.

16 Vier Klassen sind es, die sich ernstlich zu MIR wenden, o Ardschuna:
die Leidenden, und jene die MICH lieben,
die Gütigen und die Erleuchteten.[1]

---

[1] *Die Bedrängten suchen Erlösung, die nach Wahrheit Strebenden Wahrheit, die, die der Drang zum Guten leitet, nach der Quelle des Guten; der Weise aber sucht nichts, sondern bleibt in GOTT, DEN er in sich selbst erkennt.*

17 Von diesen ist der Weise,
der sich MIR allein ergibt,
sich ganz dem EINEN weiht, der Liebste mir.
Er liebt MICH über alles.
und deshalb lieb´ ICH über alles ihn.[1]
18 Gut sind sie alle vier, und sie gelangen zu MIR,
allein der Weise, der sich ganz in MICH ergibt, ist
wie MEIN eig´nes Selbst:
mit ganzer Seele in MIR ruhend,
wohnt er in MIR selbst, der ICH sein Endziel bin.
19 Nach vielerlei Geburten (hier auf Erden und in
den höheren Sphären)
geht er ein in MEINE Wesenheit.
Doch schwer zu finden ist unter Sterblichen
ein Mensch,
so groß an Geist und Seele,
dass er sagen könnte, (in Wahrheit)
„Väsudeva[2]) ist das All".

---

[1]) *D. h. GOTT liebt SICH im Weisen; denn in der wiederhergestellten Einheit gibt es kein »Ich und Du«.*
[2]) *Krischna. Vergl. Johannes XIV, G: »ICH bin der Weg die Wahrheit und das Leben«.*

20 Doch wer vom Licht der Wahrheit sich entfernt,
durch Lust verleitet, andern Göttern dient, geht ein
ins Wesen dessen, das er liebt,
weil Gleiches stets mit Gleichem sich vereint.[1]
21 An was für Götter auch das Herz sich hängt, und
woran immer der Gedanke haftet,
so bin´s doch ICH, Der ihm den Glauben gibt. Der
ihn mit dem, was er erstrebt, verbindet.[2]
22 Durch diese Glaubenskraft ergibt er sich in das,
wonach er trachtet, und erwirbt des Dinges Wesen;
aber ich allein erteile jedem Wesen seine Kraft,
23 Kurzsichtig sind, die nach Vergänglichem sich
sehnen, und vergänglich ist der Lohn.
Wer sich den Göttern weiht, der kommt zu
Göttern;[3]
wer MICH in Wahrheit liebt,
der kommt zu MIR.

---

[1] *Das, was der Mensch wahrhaft liebt, das ist oder wird er selbst, da die Liebe der Wille und der Wille die einheitliche Grundlage seines Wesens ist, der schließlich alles Fremdartige abstreift.*
[2] *Weil alle Glaubenskraft, alles Bewusstsein aus GOTT, der Urkraft, der Quelle des Selbstbewusstseins stammt.*
[3] *Die Devas oder »Götter« sind höhere Intelligenzen, gut oder auch böse.*

24 Die Toren wähnen, dass das Offenbare und Sichtbare das Selbst der Dinge sei; sie kennen das Nichtoffenbare nicht, das unvergänglich und das Höchste ist.
25 Verborgen durch das Blendwerk der Erscheinung, bin ICH (der GEIST) nicht jedem offenbar, und die betörte Welt erkennt MICH nicht. Der ICH der Ungebor'ne, Ew'ge bin.[1])
20 ICH aber, o Ardschuna, kenne alle, die jemals waren, alle, die da sind und die da kommen werden. Keiner kennt MICH![2])

Ihr Dasein kann von langer Dauer sein, aber am Ende eines Manvantara gehen sie zu Grunde. Unsterblichkeit ist nur im Logos zu finden.
[1]) *Die Welt kennt wohl den Schein, nicht aber das wahre Sein. GOTT ist den Menschen ein Nichts, so lange die Menschen in Bezug auf GOTT ein Nichts sind.*
[2]) *»Da GOTT in sich das Bild der Weltordnung hat, so muss es in IHM ebenso viele Bilder geben, als es besondere Abstufungen in der Weltordnung gibt. GOTT sieht das Bild als einen Spiegel SEINES eigenen Wesens, nach dem ER das sinnliche Ding gestaltet; aber nicht als eine ihm fremde äußerliche Bestimmung seiner Vernunft, die letztere zu ihrem Wirken befähigte. In aller Vielheit der Bilder sieht ER nur den Reflex seines*

27 Die großen Feinde der Erkenntnis sind:
der Hass und die Begierde, tapf'rer Held!
Sie sind die Gegensätze,
die den Menschen zum Weg des Irrtums leiten.[1]
28 Aber jene, in denen alle Sünden abgestreift und
deren Taten heilig sind,
die frei von dieser Doppeltäuschung,
fest und unerschütterlich im Glauben sind,
gehören MIR.
29 Und wer MIR angehört,
in MIR beständig seine Zuflucht nimmt,
und die Befreiung von Geburt und Tod erstrebt, der
hat die WAHRHEIT;
der erkennt als Brahma MICH, als höchsten
Geist.[2]

---

eigenen Wesens GOTT erkennt SEIN Wesen in SICH selber, soweit ES erkennbar ist, und soweit die Kreaturen ihr Gleichnis im göttlichen Wesen haben. (Eckhart.)
[1] *»Aus der Nichterkenntnis (der Einheit des Ganzen) entspringen die Sankaras (Neigungen); aus diesen entspringt die Täuschung des Sonderbewusstseins; aus diesem die Sinneswahrnehmungen: aus diesen das Gebundensein durch Liebe und Hass. Die Nichterkenntnis der (Wahrheit) ist die Quelle aller Übel«. (Gautama Buddha.)*
[2] *»Der wahre Geist, der im menschlichen Bewusstsein zu sich selber*

30 Er kennt MICH als die Seele aller Seelen,
als A d h y a t m a n und als K a r m a;
weiß, dass A d h i b h u t a ICH, der Herr des Lebens
und A d h i d a i v a, höchster Herr der Götter,
und A d h i y a d s c h n a, Herr des Opfers, bin.
Wer so MICH kennt, der liebt MICH wohl
und wird in seiner Todesstunde MICH erlangen.

OM.

kommt, muss als ein unpersönliches Pneuma – Universal-Vernunft – betrachtet werden, und das Gute der menschlichen Entwicklung kann daher nichts anderes sein, als das allgemeine Bewusstsein an die Stelle des persönlichen Bewusstseins zu setzen". (Fichte)

ACHTER GESANG

AKSCHARAPARABRAHMA YOGA
VON DER ERGEBUNG IN DEN EINEN, DEN HÖCHSTEN GOTT

Wem die Sonne der ewigen Wahrheit leuchtet, in dem werden ihre Strahlen zur lebendigen Kraft; sofern er sich ihrer Einwirkung nicht widersetzt; er kommt zur Erkenntnis der Unsterblichkeit.

Ardschuna.

1 Was ist das Brahma? Was der höchste Geist
und was das inn´re Heiligtum der Seele;
Was ist der A d h y a t m a n und das Karma? Was
ist es, das DU A d h i b h u t a nennst
und A d h i d a i v a.

2 und wie kommt es, dass DU
A d h i y a d s c h n a bist,
und wie erlangen die DIR Ergeb´nen DICH, wenn
in der Stunde des Todes sie von diesem
Leben scheiden?

KRISCHNA.

3 Brahma bin ICH!
ICH, der Alleinige und Unvergängliche.
In MEINEM Selbst bin A d h y a t m a n ICH,
der höchste Geist, der Seelen Seele.
Was aus MIR entspringt
und eines jeden Daseins Ursach´ ist,[1])
nennt man das Karma.

---

[1]) »GOTT ist selber das Sehen und Empfinden des Nichts, und wird darum ein Nichts genannt (ob es gleich GOTT selber ist), dass es unbegreiflich und unaussprechlich ist«. (J. Böhme, »Theosoph. Fragen«, II, 13.)
Könnte GOTT von dem bloß menschlichen Verstande begriffen werden so wäre er kein GOTT. GOTT allein kann sich selber als GOTT erkennen.
Adhyatman bezeichnet die höchste Weltseele.
Karma ist die »Nemesis« der Griechen, die Kraft der göttlichen Gerechtigkeit. Indem der Mensch ein individuelles Selbstbewusst- sein und individuelle Tätigkeit erlangt, beginnt er sich eine eigene Welt zu schaffen,

4 Aber wenn ICH MICH in den verschied´nen
Wesen offenbare,
nennt man MICH A d h i b h u t a,
Herr der Wesen,
und A d h i d a i v a bin ICH,
wenn man MICH, in MEINER Eigenschaft als der
Erzeuger von allem sieht;
doch A d h i y a d s c h n a,¹)
Herr des Opfers,
bin ICH hier in diesem Körper,
in dem ICH mit dir spreche, Heiliger!
Denn alle Herzen schlagen MIR entgegen,

in der er selbst Schöpfer ist, und die nicht mit der allgemeinen Weltordnung im Einklang steht. Was nun in dieser Welt geschieht, fällt auf deren Schöpfer zurück, bis dass er selbst durch die Selbsterkenntnis seiner wahren universellen Natur Eins mit GOTT geworden und seine Welt in Einklang mit dem großen Ganzen gekommen ist. Dadurch tritt der Mensch sein Amt wieder an GOTT ab, und ist über die Wirkung des Gesetzes von Karma erhoben, weil er nun selbst Eins mit dem Gesetze geworden ist.
¹) *Adhiyadschna, das höchste Opfer, das sich selber für sich selber opfert. Das im Menschen in die Dunkelheit scheinende Licht, durch das der Mensch wieder zu sich kommen und Licht werden soll. Die Dunkelheit (der Mensch) kann das Licht nicht erkennen, die Dunkelheit muss durch das Licht vernichtet werden, wenn es (im Menschen) Licht werden soll.*

5 und wer vom Leben scheidet und dabei an MICH allein nur denkt,
der geht, nachdem er von des Fleisches Banden frei geworden,
in MEINES Wesens höchstes Dasein ein.[1])

6 Doch wenn beim Scheiden
sein Gemüt und Herz auf etwas anderes gerichtet ist,
so geht er beim Verlassen seines Körpers
zu dem, was er gesucht, o Kunti's Sohn!
Denn er ist gleich dem Dinge, das er liebt.[2])

---

[1]) *Er ist in seinem wahren Sein, sobald er sein wahres Wesen liebt und erkennt.*
[2]) *Es gibt Wesen (Devas) geistiger Natur, die für uns unsichtbar sind und sowohl gut, als auch böse sein können, mit denen aber der Menschengeist in Beziehung treten kann, indem er sein Wollen und Denken auf dieselben richtet. Wer sich selbst nicht beherrschen kann, für den ist es besser, wenn er diese Wesen nicht kennt, da dadurch die Anziehung derselben vermieden wird; denn nicht nur die Liebe, sondern auch die Furcht zieht an, wie ja der, der in einen Abgrund schaut, auch die Anziehung desselben fühlt. Aus diesem Grunde vermeiden die Adepten die Enthüllung von Geheimnissen, die den Menschen zum Schaden dienen können.*

7 So trage denn beständig MICH im Herzen
und kämpfe tapfer.
Sicherlich auch du wirst MICH erreichen,
wenn dein Herz und Geist
mit Festigkeit auf MICH gerichtet bleibt;
8 denn jeder, der sich ganz in MICH ergibt
und keinen andern Göttern dienstbar ist,
der geht durch MICH ins höchste Dasein ein.

9 Wer durch des Glaubens Kraft emporgehoben,
in MIR den Herrn der Welt erkennt und liebt, den
EWIGEN, Den alle Zungen loben,
Der allen Wesen Licht und Leben gibt;

und wer mit Geistesauge MICH gesehen,
in MEINES Daseins Pracht und Herrlichkeit, vor
DESSEN Glanz die Täuschungen vergehen,
wie Sonnenschein das Wolkenheer zerstreut;

10 der hat das Wahre Leben sich errungen;
im Tode selbst wird er unsterblich sein;
denn sieh´, es hat sein Geist den Tod bezwungen;
er geht in MICH, in MEINEN Frieden ein.
11 Hier findet statt des großen Werk´s

Vollendung,
in MEINEM Himmel, wo die Weisen ruh'n.
In der Vollkommenheit ist die Beendung,
das Ziel des Wissens und das Ziel vom Tun.

12 Das ist der höchste Weg, den jener geht,
der seiner Sinne Tore fest verschließt;
sein Herz beherrscht und durch den Geistesatem der
wechselnden Gedanken Meister wird.
13 Wenn er sein Denken in der Todesstunde
mit Festigkeit auf MICH gerichtet hält;
das heil'ge OM aussprechend,
welches GOTT bedeutet,
geht er sicher in MICH ein.[1]
14 Wohl bin ICH leicht für jenen zu erlangen, der
stets an MICH, an Brahm, den Einen,
denkt,[2]

---

[1] *OM bedeutet das wahre Sein, das Wesen und die Herrlichkeit GOTTES. Um es in der Todesstunde richtig aussprechen zu können, muss man das wahre Sein erlangt und die Herrlichkeit GOTTES in sich selber zu fühlen gelernt haben.*
[2] *Damit ist nicht gemeint, dass man sich nicht mit äußerlichen Dingen beschäftigen solle, sondern, wie der Mensch bei allen Beschäftigungen doch immer Zeit hat zu wissen, dass er lebt und selbstbewusst ist*

der nimmermehr an andern Göttern hängt und MIR
von Herzen treu ergeben ist.
15 Ein so erhab´ner Geist kehrt nicht zurück
zu diesem Leben,
das ein Ort der Qual und stets vergänglich ist.
Er kommt zu MIR, zum höchsten Glück,
zur ew´gen Seligkeit.[1])

so sollte im erleuchteten Menschen das GOTTES-Bewusstsein beständig die Grundlage sein.
»Wenn du dich nicht anhaltend zu sammeln vermagst, so tue es wenigstens zuweilen; und jedenfalls zweimal des Tages, nämlich morgens und abends. (Th. v. Kempen.)
[1]) *Da das materielle Leben weiter keinen Zweck hat, als den als Schule zu dienen, in der durch Überwindung des Materiellen die Erkenntnis GOTTES erlangt werden kann, so ist auch für die, die diese Selbsterkenntnis erlangt haben, eine Rückkehr nicht mehr nötig; es geschähe denn zu einem anderen Zwecke, um anderen Menschen zu helfen die Freiheit von »selbst« zu erlangen.*
Nach der indischen Lehre gibt es sieben Lokas, Welten oder Reiche der Geister, nämlich:
1. Bhurioka; 2. Antarikschaloka; 3. Swarloka; 4. Maharloka; 5. Janaloka; 6. Tapasloka; 7. Satyaloka.
Die drei letzteren sind die Brahmalokas. Auch diese Reiche sind nicht von unendlicher Dauer, wenn sie auch nach menschlichen Begriffen undenkbar lange, d. h. bis zum Ende eines Manvantara bestehen.

16 Die Welten alle, o Ardschuna,
kehren, wenn sie verschwunden sind,
von neuem stets zurück zu diesem unheilvollen Dasein;
doch wer zu MIR kommt, wandert nicht zurück.
17 Wer Brahmas Tag von tausend Yugas kennt und
Brahmas Nacht, die gleiche Dauer hat,
kennt Tag´ und Nächte, wie sie Brahma zählt.[1])
18 Stets, wenn die Dämm´rung dieses Tag´s beginnt,
geht das gesamte offenbare All
aus dem nichtoffenbaren Sein hervor,
und schwindet wieder, wenn die Nacht sich naht.
19 Das, was das Licht hervorbringt, das vergeht,
wenn sich der Schöpfung Sonne niedersenkt, und
wird, sobald der neue Tag erwacht,
durch die Naturkraft wieder neu geboren.
20 Doch über dieser sichtbaren Natur
gibt es ein andres unsichtbares Sein,
ein Leben, das nicht untergehen kann.

---

[1]) *Ein Maha- Yuga = 4 320 000 von unseren Jahren.*

wenn Erd´ und Himmel auch vergangen sind:[1])
21 Das ist das Leben des Nichtoffenbaren,
das Unbegrenzte, das Vollkommene, das All,
das Ewige.
Wer das erlangt, der geht zum HÖCHSTN ein
und kommt nicht wieder.
22 Und das bin ICH, o Prinz!
das Wahre Selbst, der Höchste GEIST,
in DEM ein jedes Wesen sein Sein und Leben hat,
und DEN ein jeder erlangen kann,
wenn er sich IHM ergibt.[2])
23 So will ich dir erklären, oh Bharatarschabha,
wie die Frommen von der Erde scheiden
um einst wieder sich dem Erdensein zu nahen, oder
ewig fern von ihm zu weilen.

---

[1]) »In der Ewigkeit, im ewigen Willen, ist Eine Natur gewesen; SIE hat aber nur als Geist existiert, und IHR Wesen nicht offenbart, als bloß im Spiegel des Willens, d. i. in der ewigen Weisheit«. (J. Böhme, Signat. XIV, 8.)
[2]) Da GOTT die Liebe ist, kann ER auch nur durch die Liebe (die Selbsterkenntnis der Einheit) erlangt werden.
[3]) Vers 23—27 sind bei der ursprünglichen poetischen Übertrag- ung von Hartmann ausgelassen worden, weil sie an Zustande der I. Unterrasse erinnern, die ganz unter der Leitung höherer geistiger Wesen stand, die mit

24 Wer das Erdensein verlässt bei
Feuer, Licht und Tag,
beim zunehmenden Mond,
im Halbjahr, wenn die Sonne hoch am Himmel
steht,
der geht in Brahma ein.
25 Doch wer die Erdenwelt verlässt
bei Rauch und Nacht, bei abnehmendem Mond,
und in dem Halbjahr,
wenn die Sonne tief am Himmel steht,
der kehret wieder.
26 Das sind die beiden ew´gen Wege dieser Welt,
der lichte Weg und der der Finsternis.
Der eine führt zur Nimmerwiederkehr,
der andre führt zum Erdensein zurück.
27 Der Gottesfürchtige, der das erkennt,
o Partha

den Gesetzen des Sonnensystemes in innigster Beziehung standen, während durch die Entwicklung des Verstandes von Unterrasse zu Unterrasse der kosmische Zusammenhang zwischen Individuum und Universum immer mehr aufgehoben wurde. (D. H.)

Sorgt sich nicht.
Sei darum immer deinem GOTT ergeben.

28 Das ist die höchste Weisheit,
welche besser als Lesen in den Schriften ist
und besser als alles Opfern, Fasten und Kastei´n.
Wer SIE erlangt, der geht zum Frieden ein.

NEUNTER GESANG

RADSCHAVIDYARADSCHAGUHYA YOGA
DAS BUCH VON DER INNERLICHEN
HEILIGUNG DURCH DAS HOHE WISSEN
UND DIE OFFENBARUNG DES GROSSEN GEHEIMNISSES

Wer den wahren Glauben und die göttliche Liebe hat, wer mit freudiger Hoffnung in selbstloser Ergebung erfüllt ist, dem kann sich das große Geheimnis der GOTTHEIT in seiner Menschheit offenbaren: Er tritt ein in das Bewusstsein der Freiheit und der Unsterblichkeit.

1 Dir, dessen Herz der Geist des Widerspruchs
nicht mehr gefangen hält,
erklär' ich nun das höchste Wissen,
die geheime Kraft der Selbterkenntnis,
die größer ist, als was der Himmel und die
Erde fassen.
Begreifst du es, so bist du frei von Schuld.

2 Tief ist die Lehre, das Geheimnis hoch,
in dessen Licht die Menschenseele
rein von allen Sünden wird,
doch kann ein jeder, der sie im Herzen trägt
sie leicht erkennen;[1])
leicht folgt man ihr, und sie wird nie erschöpft.

3 Doch wem die Kraft des Glaubens fehlt,
und wer die Wahrheit dieser Lehre nicht erkennt,
der kehrt zurück zu dieser Welt des Todes,
in den verworr´nen Kreislauf der Natur.

---

[1]) *Viele halten die Befriedigung ihrer Neugierde für die höchste Erkenntnis. Die wahre Selbsterkenntnis der Wahrheit beruht aber darin, dass die Wahrheit, die der Mensch erkennen will, in ihm selbst durch die lebendige Kraft des Glaubens Leben und Dasein erlangt.*
Manche Leute wollen die ewigen Dinge und die Werke GOTTES schauen und beurteilen, und im Lichte der Ewigkeit stehen und ihr Herz flattert noch im Gestern und Heute, in Zeit und Raum«. (Eckhart.)

4 Durch MICH ist dieses große All entfallet, doch
bin ICH nicht für jeden offenbar.
Die Dinge sind in MEINER Kraft gestaltet;
sie sind in MIR, der ewig ist und war.
5 Doch sind sie nicht in MEINEM höchsten Wesen;
Frag´ nur dich selbst, was dies Geheimnis sei.
MEIN Geist schafft alles, was ICH auserlesen,
und dennoch bin ICH stets von allem frei.
6 Wie sich die Lüfte frei im Raum bewegen,
und doch der Raum beständig stille steht,
so kreist das Weltenheer dem Licht entgegen, doch
bin ICH nicht der Weltkreis, der sich dreht.
7 Stets, wenn der Kreislauf eines Kalpas endet,[1]
geht die Natur in ihren Ursprung ein;
wenn MEINE Macht das Schöpfungswort entsendet,
tritt die Erscheinungswelt ins neue Sein.
8 Und MEINE Kraft, die im Geheimen waltet, gibt
der Natur[2] von neuem ihren Lauf;

---

[1] *Ein Maha Kalpa ist gleich 311 040 000 000 000 von unsern Jahren.*
[2] *Prakriti, die stoffliche Natur. In ihr ist die schöpferische Energie.*

durch MEINEN Willen wird das All entfaltet, und neue Daseinsformen treten auf.
9 Doch bin ICH nicht durch dieses Werk gebunden und frei von allem Wünschen oder Tun;
wohl schafft MEIN Geist das WERK zu allen Stunden,
MICH hindert nichts, stets in MIR selbst zu ruhn.[1]
10 MEIN Geist[2] ist das Gesetz, durch dessen Stärke ein jedes Ding verschwindet und entsteht.
So schafft in der Natur MEIN Geist die Werke; das ist der Grund, weshalb die Welt sich dreht.
11 Vom Schleier der Materie verhüllt,
wird MEIN verborg'nes Wesen schwer erkannt. Die Toren sehen die Erscheinungen,
doch nicht des hohen Geistes Gegenwart,
wenn ICH in menschlicher Gestalt erscheine.
12 Im Hoffen eitel, eitel auch im Tun,
verkehrt im Wissen und verblendet stets durch Sinnestäuschung,

---

[1] *Da GOTT selber das GESETZ ist, so ist ER nicht an die Bestimmungen von Gesetzen gebunden.*
[2] *Bewusstsein.*

nehmen sie das Wesen von Tieren,
Teufeln und Dämonen an.
13 Doch die Erleuchteten, die Großen Seelen[1], voll
Zuversicht den Weg des Lichtes wandelnd, mit
vollem Herzen hängen sie an MIR.
Sie sehnen sich nach keinen andern Göttern
und nehmen Teil an MEINER Wesenheit.
14 Sie sind's, in denen ICH verherrlicht bin.
Weil immerdar sie ernstlich nach MIR streben;
Sie sind MIR treu und glaubensvoll ergeben,[2]
im Geist in MICH versenkt, sind sie in MIR.
15 Und mancher, der MICH als den Einen kennt,
der ICH in allen Dingen gegenwärtig
und über allem und unteilbar bin,
bringt MIR das Opfer der Erkenntnis dar.
16 ICH selbst bin dieses Opfer, das Gebet, die
Opfergabe und des Opfers Segen,
ICH bin die Opferhandlung und der Balsam,
und auch das Feuer auf dem Hochaltar.

---

[1] *Mahatmas.*
[2] *»Erst wenn der Mensch ganz gesammelt ist, beginnt die wahre Anbetung. Das ist das rechte Gebet, wo man um nichts bittet. Bist du krank und bittest GOTT um Gesundheit, so ist dir die Gesundheit lieber als GOTT« (Eckhart)*

17 ICH bin der Vater und die Mutter aller;
ICH bin das, was erzeugt und was erhält,
das Ziel der Weisheit und der Reinigung,
die heil´ge Silbe OM, das Wort,
die R i g -, die S a m a - und die
Y a d s c h u r- Veda.
18 Sieh! ICH bin der Weg,
der Herr und der Ernährer,
Richter und Zeuge auch, das Haus, die Wohnung,
die Zufluchtsstätte und der Freund,
die Quelle des Lebens und des Lebens Meer.
ICH bin der Anfang und das Ende,
die Schatzkammer und auch der Schatz darin,
der Sämann und der Same, der beständig
Früchte bringt.
19 Durch MICH erhält die Sonne Licht und Wärme,
ICH gebe Regen und versage ihn.
ICH bin das Leben der Unsterblichkeit
und auch der Tod.
ICH bin, Ardschuna, S a t (das Sein) und   A s a t
(das Nichtoffenbare),[1]

---

[1] »*In dem ungeborenen Wesen ist der Vater als unpersönliches Wesen, also nicht als Vater. Aber dieses ungeborene Wesen ist zugleich der Ursprung seiner Persönlichkeit, das Vermögen sich für sich selber als*

20 Wer nach der Vorschrift der drei Veden lebt,
den Somatrunk getrunken hat[1]
und rein von Sünden ist,
den führ´ ich, wenn er stirbt, zum Himmel Indra´s ein,
und er erlangt der Götter Nahrung in dem Götterreich.

21 Nachdem er lange dort des Himmels Freuden,
so, wie er sie verdient, genossen hat,
kehrt er zurück zu dieser Welt des Todes,
zum wechselvollen Kreislauf der Natur.
Da er der Veden Vorschrift treu befolgte,
ward ihm der Lohn, den er gesucht, zu teil.

Person und Wesen zu offenbaren« (Eckhart)
[1] *»Der Somatrunk wird getrunken, wenn die Seele alles Irdische und damit auch alle Erinnerung an dasselbe abstreift. Der Himmel Indras ist der höchste Himmel, in dem aber auch noch die Illusion des Sonderbewusstseins existiert und der deshalb nicht die Vollkommenheit und nicht von ewiger Dauer ist. In diesem Himmel gibt es auch Jugend und Alter, d. h. die geistigen Kräfte erschöpfen sich, der Geist tritt in das »Unbewusste« zurück und wird von dort aus wieder auf Erden oder auf einem anderen Planeten inkarniert.*

Wer das Vergängliche erstrebt, der findet
Vergängliches.
Vergänglich ist sein Lohn.
22 Doch der Erleuchtete, der MICH allein verehrt,
und nicht nach andern Dingen strebend
in MIR, dem EINEN, seine Zuflucht findet, erlangt
des Daseins Seligkeit in MIR.
23 Auch wer in Einfalt andern Göttern opfert, weil
er nicht MICH, den Ewigen erkennt,
der opfert MIR.
Es dringt des Opfers Duft zu MEINEM Throne, und
ICH nehm´ ihn an.
24 ICH bin der Herr des Opfers
und Empfänger von allen Opfergaben.
Aber wer MICH nicht erkennt,
der kann MICH nicht erlangen.
(Was wäre ein Besitz, den man nicht kennt?)
25 Wer sich den Göttern weiht, der geht zu ihnen,
und zu den Pitris[1]) wandert, wer sie sucht.

---

[1]) *Devas (Götter), die Bewohner von Devachan. Pitris, die Intelligenzen (Seelen) vergangener Menschengeschlechter. Dämonen, die, (»Geister«) »Gespenster« oder »Larven« der Toten, mit denen sich zum großen Teil der Spiritismus beschäftigt.*

Wer sich Dämonen opfert, geht zu diesen;
wer MICH allein verehrt, der kommt zu MIR.
26 Wer MIR in Treu und Liebe das Geringste
zum Opfer bringt,
und wär's nur eine Blume, ein Blatt,
ein Grashalm, ja ein Tropfen Wasser,
von seinen Händen nehm' ICH's gerne an.
27 Was du auch tust, o Prinz, ob du genießest,
Geschenke spendest, fastest oder betest,
denk stets' an MICH, und bring' in allem
MIR dein glaubensvolles Herz zum Opfer dar.[1]
28 So wirst du frei von jener Kette werden,
die dich an dieses nied're Dasein bindet,
wo Glück und Unglück aufeinander folgen. Durch
die Entsagung gehst du in MICH ein.
29 ICH bin für alle gleich. ICH hasse keinen
und neig' MICH keinem zu. Das All ist MEIN.
Doch, die MICH wahrhaft lieben, lieb' ich wieder;
sie sind in MIR, o Prinz, und ICH in ihnen.

---

[1] »*Es sind wohl die Tätigkeiten an sich verschieden; aber ist unsere Herzensstellung in allen dieselbe, so haben sie alle den gleichen Wert, und GOTT strahlt uns in dem weltlichsten Geschäfte gerade so entgegen, wie in dem heiligsten*«. *(Eckhart.)*

30 Selbst wenn ein Mensch ein großer Sünder war
und sich zu MIR von ganzer Seele wendet, so ist er
zweifellos für gut zu achten,
weil er die Wahrheit hoch und heilig hält.
31 Bald wird er auch zum rechten Weg gelangen
und seinen höchsten Frieden in Mir finden; denn
wer in MEINEM Herzen Zuflucht nimmt, den werd´
ICH, wahrlich, nimmermehr verlassen.
32 Und war´ er auch von niedriger Geburt,
der Sünde Kind;
denn wer zu MIR sich wendet, Weib oder Mann, ob
Herr er oder Knecht,
der wandelt auf dem höchsten Weg zu MIR,
33 um wie viel mehr denn heilige Brahminen
und fromme Weise voller Seelenadel!
Da du in diese trügerische Welt gekommen bist, so
glaube fest an MICH.
34 Lass dein Gemüt auf MICH gerichtet sein, und
wende ganz MIR deinen Willen zu.
Erkenne MICH als deines Strebens Ziel,
als deines Daseins höchste Seligkeit;
so wirst auch du, vereint mit deinem SELBST, in
MEINEM Dasein deine Ruhe finden.

ZEHNTER GESANG

VON DER GÖTTLICHEN VOLLKOMMENHEIT.

GOTT ist nicht verschieden, GOTT ist Alles in Allem: Die Einheit, aus der alle Zahlen entspringen. Er ist in Allem der Grund und die wahre Wesenheit. In Sich selbst unver- änderlich, offenbart ER sich uns auf ver- schiedene Weise; je nach dem Standpunkte, von dem aus wir IHN betrachten. ER ist weder vollkommen noch unvollkommen, sondern in IHM besteht die Vollkommenheit selbst. ER ist in allen Dingen das Höchste, das vollkommene Sein.

1 Vernimm noch weiter, edler Held, die Lehre,
   die ICH dir biete, weil sie dich erfreut,
  und ICH den rechten Weg dich führen will.

In ihm sei deine Zuflucht und dein Heil.
2 Die Götter kennen MEINEN Ursprung nicht, und
auch die Weisen nicht des Daseins Quelle. Aus
MEINER Allmacht kam der Götter Schar, ICH
selber bin der Ursprung aller Weisen.
3 Wer MICH, den mächt'gen Herrn der Welt,
erkennt,
den Ungebor'nen, der ohn' Anfang ist,
der wandelt sündlos unter Sterblichen,
von Irrtum frei in hohem Glaubenslicht.
4 Verstand, Erkenntnis, Irrtumslosigkeit,
Geduld, und Wahrheit, Selbstbeherrschung, Lust
und Schmerz und Ruhe, Furcht und Mut,
Geburt und Tod, Entstehen und Vergehen,
5 Unschuld, Entsagung und Zufriedenheit,
Bescheidenheit und Gleichmut, Güte, Ruhm,
was immer dem Geschöpf zu eigen ist
und es erfüllt, das alles stammt aus MIR.
6 Die sieben Weisen, die vier Patriarchen,[1]

---

[1] *Die vier Patriarchen, die vier aus Brahma geborenen Geister: Sanatkamara, Sanaka, Sanatana und Sanandana. — Manus, die geistigen Stammväter der Menschengeschlechter, personifizierte schöpfende Gottesgedanken, von denen 14 in jedem Manvantara erscheinen.*

und auch die Manus, die MEIN Wesen trugen, der
Menschheit Stammeseltern;
alle gingen aus MEINES Geistes hoher Kraft
hervor.
7 Wer MEINE Geistesgröße in sich trägt und
MEINE schöpferische Kraft erkennt,
der ist auch Eins mit MIR,
in seinem Wesen ganz mit MIR vereinigt;
daran zweifle nicht.[1])
8 MEIN Urgedanke schuf das Sternenheer,
der Götter Himmel und das Reich der Erde.
Der Weise, welcher MEINE Allmacht kennt,
ist Eins mit MIR und MIR in allem gleich.
9 Sein Dasein geht in MEINEM Dasein auf,
und ICH in seinem;
er verherrlicht MICH, und wird durch MICH
verklärt,
So lebt er frei von Täuschung
in der hohen Wahrheit Licht.

---

[1]) *»Da hilft kein ander Suchen, Studieren und Forschen, denn ein jeder Geist beschauet nur seine eigene Tiefe, und das darinnen er sich entzündet«. (Jakob Böhme, »Sendbriefe«. II, 3.)*

10 Wer MIR in Liebe treu ergeben ist
und MICH in Wahrheit ehrfurchtsvoll verehrt, dem
geb´ ICH gerne MEINER Weisheit Kraft, und
MEINE Gnade leitet ihn zu MIR.
11 In seinem Herzen wohnend,
bin ICH selbst der Wahrheit Licht,
das dann sein Eigen ist,
und dessen Kraft die Dunkelheit zerstört,
die aus der Nichterkenntnis Nacht entsprang.[1])

Ardschuna.

12 Ja, DU bist PARABRAHM, das höchste Sein,
die Zuflucht aller und die Läuterung,
des Weltalls Geist, der unermesslich ist,
der Götter Ursprung, und der Herr des Himmels.
13 Das sagen alle Seher, auch Narada,
Vyasa, Asita und Devala;
sie alle lehrten es; DU lehrst es selbst,
und was DU selber lehrst, muss WAHRHEIT sein.

---

[1]) »*GOTT liebt nichts als SICH selber, oder SEIN Gleichnis in allen Dingen. ER hat sich niemals gesenkt und senkt sich niemals in einen fremden Willen, sondern nur in SEINEN eigenen Willen. Wo GOTT diesen findet, da senkt ER sich hinein mit SEINEM ganzen Wesen*«.« (Eckhart.)

14 Und dennoch können Götter nicht
und Geister, noch auch die Engel DEIN Geheimnis
fassen.
DEIN göttlich Wesen, DEINE Majestät,
wenn DU in eigener Form DICH offenbarst,
15 nur DU allein erkennst es, DU allein,
o GOTT der Götter, Schöpfer aller Wesen,
des Daseins Ursprung, Quelle alles Lebens
und Herr des Weltalls!
DU erkennst DICH Selbst.
16 Nur DU kannst DEINE Herrlichkeit verkünden,
Mit der DU liebevoll das All erfüllst,
die alle Welten durch ihr Dasein preisen,
und ohne welche nichts vollkommen ist.
17 Doch wie, o HERR, soll ich DEIN Selbst
erkennen? In welcher von den ungezählten Formen,
die Erd´ und Himmel und den Weltkreis füllen,
erscheinst DU, selbst, vollkommen offenbar?
18 Vergebens sinn´ ich nach.
O lehre mich nun klar und deutlich
DEINE Herrlichkeit und die Vollkommenheit
von DEINEM Wesen;
denn DEINER Weisheit werd´ ich niemals satt.

KRISCHNA.

19 Wohlan! ICH will sie deutlich dir beschreiben;
doch nenn´ ICH dir die höchsten Zeichen nur; denn
MEINE Fülle ist unendlich groß; kein endlich
Wesen kann MICH ganz erkennen.
20 ICH bin der Geist, der in der Seele Tiefe, in
jedem Wesen unergründlich wohnt;
der Dinge Anfang, Mitte und ihr Ende,
ihr Ursprung, Dasein und ihr Untergang.[1]
21 ICH bin das Wirkende im Reich der Kräfte[2], der
Sonnenglanz im Himmelssonnenchor, der
Sturmgott, wenn im Raum die Winde brausen, der
helle Mond im nächt´gen Sternenheer.
22 ICH bin das Buch der Lieder in den Veden,
in Indra´s Himmel bin ICH Vasava[3].
Von allen Sinnen bin ICH die Empfindung,
und unter Geisteskräften der Verstand.

---

[1] »Die Seele ist edler als alle körperlichen Dinge. Sie ist eine einfache Kraft, die das Leben in alle Glieder leitet durch die innige Vereinigung, in der sie mit dem Leibe steht«. (Eckhart.)
[2] Logos – Dargestellt durch Vischnu.
[3] Ein Beiname Indras.

23 ICH bin Sankara[1]) unter den Zerstörern,
der Riesen Größe und der Geister Geist,
das Feuer unter allem, was da läutert,
und unter Bergesgipfeln der Meru[2]).
24 Bei Priestern bin ICH stets der Hohepriester;
von den im Weltall ringenden Gewalten
der Oberfeldherr;
unter den Gewässern der Ozean, der alle Fluten
trinkt.
25 Wo Weise sind, bin ICH der Sitz der Weisheit,
in jedem andachtsvollen Laut das OM[3]);
der Himalaya unter, den Gebirgen
und die Erhebung im Gebet der Frommen.
20 Der Baum des Lebens unter allen Bäumen und
unter den Erleuchteten das Licht,
die Harmonie im Rundgesang der Sphären
und unter Heiligen die Heiligung.
27 Bin Utschtschaisravas unter edlen Rossen,
das Flügelpferd der hohen Poesie;

---

[1]) *Siva (das Umbildende).*
[2]) *Symbol des hohen Glaubens.*
[3]) *Siehe »Lotusblüten« Bd. VII, S. 7.*

Airavata als Elefantenkönig[1]),
und unter Männern höchster Potentat.
28 ICH bin der Blitz in feurigen Geschossen, und
unter fetten Kühen die Natur[2]),
als Zeugungskraft der holde Liebesgott
und unter klugen „Schlangen" Wißbegier[3]).
29 Der Drachenkönig bin ICH unter Drachen. Als
Wassergott der Schöpfer aller Welten[4]),
von Stammesältesten der Menschheit Stamm. Und
Yama[5]) unter denen, die da richten,
30 in aller Zeitenmessung-Ewigkeit,
und unter Zauberkünstlern die Magie,
der Löwe unter beutelust'gen Tieren,
der Adler unter allem, was da fliegt.
31 Die Freiheit bin ICH in dem Reich der Lüfte

---

[1]) *Utschtschaisravas, das Ross, auf dem Indra reitet (Symbol der Kraft); Airavata, Indras Elefant (Symbol der Weisheit und Größe.) — Der Herrscher, d. h. die Autorität, die ihn zum Herrscher macht.*
[2]) *Die Kuh: das Symbol der Fruchtbarkeit,*
[3]) *Die Schlange: Symbol des Wissens.*
[4]) *Das Wasser: Symbol des Weltgedankens.*
[5]) *Der Richter der Lebendigen und Toten. Symbol der ewigen Gerechtigkeit.*

als Gott des Krieg´s bin ICH das Kriegesglück,
als Wassertiersymbol das Krokodil[1]),
und unter Flüssen stellt MICH Ganges dar[2]).
32 ICH bin der Anfang, Mitte und das Ende
der ganzen Welt,
ihr Schein sowohl als Sein,
der Weisen Weisheit und der Augen Licht,
das Seh´n der Sehenden, der Sprache Wort.
33 Das „A" im Alphabet, der Rede Sinn,
das Leben aller Lebenden,
die Liebe der Liebenden, die keine Grenzen hat; der
Allerschaffer und der Allernährer;
34 kein Ding und doch der Ursprung aller Dinge,
und auch der Tod, das Ende jedes Dinges.
Als Tugend bin ICH die Zufriedenheit,
Bescheidenheit, Beredsamkeit, Geduld,
35 Als Hymne bin ICH selbst das Hohelied,
als Weihgebet das heil´ge Gayatri[3]),
von Monaten der Mond des neuen Lebens,

---

[1]) *Symbol der Zerstörung und Wiedererneuerung.*
[2]) *Symbol des ewigen Lebensstromes und der Unsterblichkeit.*
[3]) *Siehe »Lotusblüten« Bd. VII, S. 7.*

und holder Frühling in den Jahreszeiten.
36 In des Betrügers Hand das Würfelspiel.[1])
Der Glanz in allen Dingen, welche glänzen,
die Güte in den guten Menschenherzen,
der Großen Größe und der Sieg der Sieger.
37 Als Vasudeva bin ICH Herr des Alls,
und unter Menschen du, Ardschuna, selbst;
als Büßer stellt verkörpert MICH Vyasa,
als Dichterfürst der Held Usana dar.[2])
38 ICH bin in allem GOTT, der Starken Stärke, der
Schönen Schönheit und der Schlauen List, das
Wissen im Verstand der Wissenden,
die Stille, wo das Gottgeheimnis wohnt.
39 In jedem Ding bin ICH des Dinges Same,
in jeder Kraft die Urkraft aller Kräfte,
in jedem Sein der Ursprung alles Seins;
denn ICH bin alles; ohne MICH ist nichts.
40 Nichts, was da lebt, lebt anders als durch MICH,
und MEINES Daseins Fülle hat kein Ende.
Unendlich groß ist MEINE Herrlichkeit;

---

[1]) *Das Würfelspiel als höchstes Ideal der Betrüger.*
[2]) *Vasudeva, der Herr des Universums — Vyasa, ein Weltweiser. — Usana, der Lehrer.*

doch nur ein Teil davon ist hier erwähnt.
41 Und wo ein Ding in seinen Eigenschaften dir herrlich scheint, da bin ICH Selbst in ihm. Das, was es herrlich scheinen lässt, ist nur der Widerschein von MEINER Herrlichkeit.
42 Allein wozu, Ardschuna, weit´res Forschen? ICH bin in allen Dingen nur ICH Selbst, doch ging aus MEINEM Selbst das ganze All als Offenbarung MEINER SELBST hervor.[1])

---

[1]) *GOTT ist in allen Dingen deren wahres Wesen. »GOTT In allem SEINEN Wirken hat keinen Schatten von Zeitlichkeit oder Veränderung an sich. Alle Grenze und alle Endlichkeit ist in IHM aufgehoben. SEIN Wirken ist unmittelbar und einfach; darin besteht SEINE Allmacht, dass ER kein Mittel bedarf. Weil GOTT Vernunft ist, darum ist ER auch Güte; SEINE Natur und SEIN Wesen ist SEINE Liebe. Als vollkommener Wille ist GOTT die Heiligkeit, Gerechtigkeit, Vorsehung; SEINE Weisheit und Gerechtigkeit sind ein und dasselbe. GOTT wirkt nicht aus Willkür, sondern weil ER muss; weil ER sonst sich selbst verleugnen und SEINE Existenz aufheben würde, was ein Widersinn wäre in sich selbst«. (Eckhart.)*

ELFTER GESANG

VISDWARUPDARSANAM
DIE OFFENBARUNG DER PERSÖNLICHKEIT GOTTES

Das Wesen GOTTES besteht in dem Inbegriff aller Formen und Tätigkeiten, in denen SEINE Macht sich offenbart.

Ardschuna.

1 Verschwunden ist der Nichterkenntnis Nacht,
und das Geheimnis hat sich mir eröffnet;
denn was DU über Adhyatma mich gelehrt,
hat mir des Irrtums Fessel abgestreift.
2 Den Ursprung und das Ende aller Wesen
erklärtest DU, erhabner Meister, mir;
wie alles nur in DIR sein Dasein hat,
und DU das Eine Wesen aller bist.

3 Doch möcht´ ich wohl, o HERR, DICH Selbst erblicken,
so wie DU selbst in DEINEM Wesen bist,
in DEINER eigenen Persönlichkeit,
hoch über allem Blendwerk der Erscheinung.
4 Und wenn ich fähig bin, DICH Selbst zu schau´n,
o Mächtigster, in DEINER Herrlichkeit,
so zeige mir, o HERR, DEIN Angesicht
und offenbare mir DEIN wahres Selbst.

KRISCHNA.

5 So siehe denn, o Sohn der Erde,
MICH als EINEN in der Vielheit der Gestalten,
die himmlischer Natur, verschiedenartig
und zahlreich wie des Himmels Sterne sind.
6 Versenke deinen Blick ins Reich der Götter,
ins Reich der Geister, Engel und Dämonen,
wo Himmelskräfte auf- und niedersteigen,
und sich in Formen herrlich offenbaren.
7 Erblicke als ein einheitliches Ganze
die ganze Welt mit allen ihren Formen.
Sie ist MEIN Leib, ICH selbst in ihr der Geist;
was es auch sei, das alles ist in MIR.

8 Doch mit des Körpers Augen kannst du nicht
MEIN göttliches und Eignes Selbst erblicken;
d´rum will ICH dir das Geistesauge öffnen,
Erblicke MEINE mystische Natur![1])

Sandschaya.

9 Als nun der HERR der Welten das gesprochen, da
offenbarte ER dem Erdensohn
SICH selbst, in SEINER eigenen Gestalt,
als Herrscher, der die ganze Welt umfasst.[2])

---

[1]) *Der »vorhistorische« Mensch, dessen Natur ätherisch war, besaß eine viel höhere, geistige Wahrnehmungsfähigkeit als der jetzige materielle Mensch. Diese ist jedoch in jedem Menschen im Keime enthalten; und durch den Eintritt in ein höheres Bewusstsein wird auch die höhere Wahrnehmungsfähigkeit wieder eröffnet.*

[2]) *Die höchste Herrschergestalt ist die Gesamtsumme aller Wesen und Kräfte in einem großen Ganzen. »In dem klaren Spiegel der Ewigkeit, dem ewigen Sichselbstwissen des Vaters, da gestaltet er ein Abbild SEINER SELBST, SEINEN SOHN. In diesem Spiegel bilden sich alle Dinge ab, und man erkennt sie darin, freilich nicht als Kreaturen, sondern als GOTT in GOTT. So haben die drei »Personen« in dem Werke der Schöpfung ihr unterscheidbares Amt. Der VATER hat aus »Nichts« alle Dinge*

10 Mit vielerlei Aspekten,
vielerlei Bewusstseinsformen,
herrlich, vielgestaltig,
mit jeder Pracht des Himmels ausgestattet,
durchdrungen auch von jeder Himmelskraft,
11 bekleidet mit der göttlichen Natur,
bekränzt mit allem, was der Himmel trägt,
mit Wohlgeruch erfüllt,
ein wunderbares, lichtvolles, liebend´ und
allsehend Wesen.
12 Und stiegen tausend Sonnen auch zugleich
am Horizont empor,
so wäre doch ihr Licht nicht jener Herrlichkeit
vergleichbar,
die dort Ardschunas Geistesauge sah.
13 Da sah Pandava nun das ganze Weltall, mit
allem, was in diesem sich bewegt
und nicht bewegt,

---

erschaffen; der SOHN ist das Urbild alles Wesens, der GEIST ist der Werkmeister und Ordner des Werdens in der Ewigkeit und Zeitlichkeit. Der SOHN involviert die Ideen aller Dinge; der GEIST umschließt die ewige Weltordnung«. (Eckhart.)

als Vielheit der Erscheinung,
und doch als EINES nur in Wahrheit.[1])
14 Erfüllt von Staunen sank Ardschuna nieder,
es sträubte sich sein Haar;
anbetungsvoll das Haupt verneigend, faltet' er
die Hände und sprach zum HERRN des Weltalls
dann, wie folgt:

Ardschuna.

15 In DEINEM Leibe, GOTT, erblick' ich
alle Götter
und der lebend'gen Wesen zahlreich' Heer;
Brahma, den Herrn, im Lotuskelche sitzend,
die hohen Weisen und die Götterschlangen.[2])
16 Mit vielen Armen, mit unzähl'gen Brüsten.[3])

---

[1]) *Jedes Sonnensystem ist ein Wesen, dessen Seele ein »GOTT« und dessen Körper das Sichtbare ist.*
[2]) *Der Lotus ist das Symbol der Evolution; GOTT ist das Zentrum aller Dinge. — Die Schlangen (Nagas) Symbole der Intelligenz.*
[3]) *Symbole des Wirkens, der Ernährung und Wahrnehmung.*
»Wie die Sonne, die sich in verschiedenen Gläsern widerspiegelt, vielfach zu sein scheint, so scheint auch die eine Seele in den verschiedenen Leibern, als ob sie vervielfältigt wäre«. (Maha Nirvana Tantra.)

durch die DU alles in der Welt ernährst,
und auch mit vielen Augen, seh´ ich DICH;
da ist kein Anfang, Mitte oder Ende,
17 DU trägst die Krone, Keule und den Schild, ein
Meer von Glanz nach allen Seiten strahlend; es
blendet mich dein Licht,
das sonnengleich nach jeder Richtung seine
Pfeile sendet.
18 DU bist der EINE,
DU das höchste Ziel der Selbsterkenntnis
und das Herz des Alls,
der Hüter des unsterblichen Gesetzes,
der ew´ge Grund von allem, was da ist.
19 Ohn´ Anfang, ohne Mitte, ohne Ende,
ewig in DEINER Kraft, in DEINEM Tun.
Die Sonne und der Mond sind DEINE Augen, es
glänzt DEIN Angesicht wie Feuerschein,
20 DU füllst den Weltenraum mit DEINEM Lichte,
und DEINE Liebe wärmt das ganze All;
denn alle Himmel und die Weltregionen
sind voll von DIR und DEINER Herrlichkeit.
21 Und zeigst DU DICH in DEINER
Schreckgestalt,

so zittern die drei Welten,¹)
es entflieh'n die Götter,
und der Rischi's Scharen sprechen,
die Hände faltend:
„Großer! Heil sei DIR!"

22 Sie alle preisen DICH, den Heiligen:
Adityas, Rudras, Vasus, Sadhyas,
Visvas und Asvins, Maruts, Asuras,²)
in großen Scharen stehen sie
23 und staunen ob DEINER allumfassenden
Gestalt;

---

¹) Als Zerstörer der Formen (Schiva) erscheint GOTT in Schreck- gestalt.
²) Es gibt sieben verschiedene Arten von geistigen Wesen, zu denen die obengenannten gehören, nämlich:
1. Arupa Deva, formlose Wesen, Götter, Planetengeister, Engel. (Kräfte.)
2. Rupa Devas, Götter, die eine für uns unsichtbare Gestalt haben.
3. Die Elementarwesen, Astralkörper der Toten.
4. Mara-Rupas, Produkte der Leidenschaften.
5. Asuras, Elementargeister, Bewohner der Elemente.
6. Geister in viehischen Formen. Vertierte Seelen.
7. Rakschasas, Dämonen und »Teufel«.

die Welten sehen DEINE Majestät mit Furcht
und Zittern, und es bebt mein Herz,
24 Den Himmel streifend seh ich DICH,
DU leuchtest in vielen Farben;
offen ist DEIN Mund,
und mich erschrecken DEINE Flammenaugen;
denn keine Ruhe, Vischnu, find´ ich da.
25 Es starren DEINE Zähne mir entgegen,
und DEINEM Mund entströmt der Weltenbrand;
die Sinne schwinden mir; mich fasst Entsetzen!
Sei gnädig mir, o großer Herr der Welt!
26 Die Söhne Dhritaraschtra´s
und die Schar der großen Erdenherrscher,
Bhischma, Drona und Karna mit der Blüte
unsres Heer´s,
die ausgezeichnetsten von unsern Kriegern,
27 verschwinden all' im fürchterlichen Schlund,
im Rachen, der von scharfen Zähnen starrt.
Ach! Viele seh´ ich mit zermalmten Gliedern
in dieser Zähne Zwischenräumen hängen.[1]

---

[1] *Ardschuna sieht hier den Untergang dieser Formen voraus.*

28 Wie Flüsse, die sich in das Meer ergießen,
in raschem Lauf sich ihrem Ziele nähernd,
so drängen sich die besten unsrer Helden
unwiderstehlich in den Flammenschlund.
29 Und wie die Mücke nach dem Lichte strebend
im Flammenbett dem Untergang sich weiht, so
eilen unaufhaltsam diese Welten
mit Schnelligkeit dem Untergange zu.
30 Verschlingend schlürfst DU alle Sterblichen,
o HERR, mit DEINEN Flammenlippen auf; DEIN
Licht durchdringt das Weltall und es sengen
verderbenbringend DEINE
Feuerstrahlen. Sag´ an, wer bist DU, der so
schrecklich scheint? Ich beuge mich vor DIR, o sei
mir gnädig!
DICH zu erkennen wünsche ich von Herzen doch
DEINE Offenbarung fass´ ich nicht.

KRISCHNA.

32 ICH bin die Zeit, die Weltzerstörerin,
vernichtend jedes menschliche Geschlecht.[1])

»*In Gott ist keine Zeit. Die Kreaturen haben das Zeitliche angenommen*«.
(Eckhart.)
[1]) Das wahre Wesen der Menschen ist göttlicher Natur und unsterblich; nur das

Von allen Kriegern, die du hier erblickst,
wird außer dir kein einz´ger MIR entrinnen,
33 deshalb erhebe dich in deiner Kraft,
nimm dir den Sieg und seine Herrlichkeit.
Durch MEINEN Arm ist schon der Feind erschlagen;
sei du mein Werkzeug;
ICH bin deine Macht.

34 Zertritt sie alle, Bhischma, Drona, Karna
und Dschayadratha und die andern Krieger.
Von MIR sind sie zermalmt; drum zitt´re nicht,
Frisch auf zum Kampf! du sollst der Sieger sein.

Sandschaya.

35 Als nun Ardschuna diese Worte hörte,
da hob er ehrfurchtsvoll die Hände auf zum Herrn der Welt.
Er war von Angst erfüllt.
Und sprach zu KRISCHNA
bebend diese Worte:

am Menschen unwesentlich ist, ist veränderlich.

Ardschuna.

36 Mit Recht, o KRISCHNA, freuet sich die Welt
in DEINEM Licht und DEINER Herrlichkeit. Die
Riesen fliehen schreckerfüllt dahin,
der Zwerge Scharen sinken vor DIR nieder.
37 Nur DIR gebührt der Ruhm, o Weltbeherrscher;
höher als Brahm, aus dem das Sein entsprang,
unendlich bist DU, Wohnung aller Welten!
ALLEINIGER, der ist und auch nicht ist.
38 DU bist der höchste GOTT, der erste Schöpfer,
des ganzen Weltalls allerbester Schatz;
DU bist die WAHRHEIT, die sich selbst erkennt;
endlos in Form, der Grund von allem Dasein.
39 DU bist Varuna, Vayu, Agni, Yama,[1]
der Mond, der Herr, der Vater aller Wesen, DEIN ist
die Ehre, DEIN ist die Verehrung, ohn´ Unterlass
und ohne Ende DEIN.
40 DEIN sei der Preis in aller Höh´ und Tiefe, von
allen Seiten sei das Lob nur DEIN.

---

[1] *Varuna, Vayu, Agni, Yama; die Gottheiten des Meeres, der Luft, des Feuers, und der Richter der Toten.*

In Macht unendlich, endlos in der Stärke,
bist DU das All und DU erhältst das All.
41 Wenn ich vertraulich meinen Freund
DICH nannte
und rief: „O YADAVA! O KRISCHNA! HERR!"
von Leichtsinn oder Neigung hingerissen,
in Nichterkenntnis DEINER Majestät;
42 wenn ich nicht stete Ehrfurcht DIR erwiesen
beim Sitzen, Gehen, Liegen oder Steh'n;
wenn ich allein war, oder in Gesellschaft,
O HEILIGER! Verzeih' es, HERR der Welt,
43 DU aller Vater! Aller Wesen Herr!
DU Weltenlehrer, DU, der Weisheit Quelle!
In den drei Welten kommt DIR niemand gleich. DU
bist unendlich groß in DEINER Macht;
44 drum werf' ich demutsvoll mich vor DIR nieder,
und flehe DICH um DEINE Gnade an.
Sei gütig mir, so wie dem Sohn der Vater,
der Freund dem Freund, der Liebende der
Herzgeliebten.
45 Im Anblick DEINER nie geseh'nen Wunder
erfreuet sich mein Herz; doch ist mir bang.
In anderer Gestalt möcht ich DICH schauen
zeig' mir die andere, ALL-ERBARMER! HERR!

46 Wie ich DICH sah, möcht ich DICH wiederschauen, mit DEINER Krone und von Licht umflossen. Vierarmig[1]) offenbare DICH mir wieder, DU Tausendarmiger, Unendlicher.

KRISCHNA.

47 Durch MEINER Gnade mystische Gewalt hast DU, Ardschuna, MEINE Form gesehen, unendlich strahlend, und das All umfassend,
wie´s außer dir noch niemals jemand sah.
48 Nicht durch das Veden-Lesen, noch durch Opfer, durch Denken nicht und nicht durch gute Werke, auch nicht durch Buße kann ein Sterblicher MICH so erkennen, wie du MICH erschaut.
49 Sei nicht bestürzt, noch gib dich hin der Furcht, weil du in MEINER Schreckgestalt MICH sahst.

---

[1]) *Vier ist die Zahl der Wahrheit.*

Sei frei von Angst und sieh mit frohem Herzen
MICH wieder in der vorigen Gestalt.

Sandschaya.

50 Als VASUDEVA so gesprochen hatte, erschien
ER wieder in der eig'nen Form.
Der Anblick SEINER lieblichen Erscheinung
verlieh dem schon Verzagten neuen Mut.

Ardschuna.

51 Da ich DICH, HERR, nun wieder so erblicke,
als GOTTHEIT in der Menschheit,
find' ich auch die Ruhe wieder,
und es regt aufs neu zum Weitervorwärtsstreben
sich mein Mut.

KRISCHNA.

52 Die Form, in der du MICH gesehen hast, wird
von den Sterblichen nur schwer erkannt.
Sie ist verborgen;
selbst die Götter sehnen sich ohne Unterlass
nach ihrem Anblick.

53 Nicht durch das Lesen in den heil´gen Schriften,
nicht durch Gebete, Fasten und Kastei´n,
auch nicht durch fromme Opfergaben
kann die Menschheit diesen Anblick sich erzwingen;
54 doch wer sich ganz in Liebe MIR ergibt,
und MICH allein nur liebt, erkennt MICH so.
Er, wahrlich, kann MICH so in Wahrheit sehen
MEIN Anblick ist´s, der ihn unsterblich macht.
55 Wer alles, was er tut, in MEINEM Namen,
in MEINER Kraft vollbringt, kein Wesen hasst, von Selbstsucht frei nach MIR allein nur ringt und sich mit MIR vereinigt,
kommt zu MIR.

ZWÖLFTER GESANG

BHAKTI YOGA
DIE VEREINIGUNG MIT DEM HÖCHSTEN DURCH DIE KRAFT DER GÖTTLICHEN LIEBE

Die Anbetung GOTTES im Geiste und in der Wahrheit besteht im Ausgehen aus der menschlichen Selbstheit und dem Eingehen in das Göttliche Allbewusstsein. Wer nicht die Kraft und Erkenntnis zu dieser Wandlung besitzt, der soll wenigstens trachten, ihr näherzukommen, so viel in seinen Kräften steht.

Ardschuna.

1 DIR dienen, HERR, die einen als dem Gott, der offenbarlich ist,

und andere, die DICH als den EINEN,
der nicht offenbar,
den Körperlosen, Ewigen betrachten.
Wer von den beiden geht den bessern Weg?[1])

KRISCHNA.

2 Wer treulich MIR im festen Glauben dient, so wie
er MICH in seinem Herzen findet,
in einer Form, die er erfassen kann,
den halt´ ICH heilig, und er ist MIR lieb.
3 Doch wer MICH als den Ewigen erkennt,
als Namenlosen und Nichtoffenbaren,
Unvorstellbaren und als HÖCHSTEN,
DER von keiner Form beschränkt, unendlich ist;
4 wer so MICH ehrt
und MEINE Gegenwart in allen Wesen sieht, und in
der Kraft des Guten lebend,

---

[1]) *Wer sich von GOTT eine Vorstellung zu machen versucht, der irrt. Wir können uns nicht von GOTT, wohl aber von SEINEN Kräften einen Begriff machen, indem wir uns GOTT als Selbstbewusstsein, Urkraft, Leben, Liebe, Licht, Wille, Weisheit, Wahrheit, Güte und Vollkommenheit vorstellen.*
»In GOTT wird nichts erkannt. ER ist ein einzig EIN. Was man in IHM erkennt, das muss man selber sein«. (Angelus Silesius.)

sich des Daseins freut,
der geht am Ende in MICH ein.[1]
5 Doch schwer und mühsam ist der Weg für jene,
die dem Nichtoffenbaren das Gemüt
entgegenwenden;
schwer zu finden ist der Pfad des Geistes für
das Fleischgebor´ne.
6 Wer sich mit reinem Herzen MIR ergibt
und was er tut, in MEINER Kraft vollbringt, dem
Selbst entsagend, sich in MIR befestigt,
und Tag und Nacht sich MEINEM Dienste
weiht;
7 den werd´ ICH sicher aus der Sturmflut heben;[2]
im Wogenschwall des Lebensmeeres soll er nicht
versinken;

---

[1] *Nur der, in dem die Kraft des Guten wirkt, kann sich des Guten in Allem erfreuen, weil jede Kraft nur von sich selber, nicht aber von etwas Fremdartigem Selbsterkenntnis erlangen kann.*
[2] *»Dass uns die äußeren Dinge in unserem innerlichen Leben nur nicht hinderlich seien, das genügt doch nicht; vielmehr sollen wir alle Dinge zu unserem Heile verwenden, wie fremdartig und unangemessen sie auch erscheinen. In dieser Kunst sollen wir beständig zunehmen und nimmer zu Ende kommen«. (Eckhart.)*

ICH errette ihn,
weil er in MIR die rechte Rettung sucht.[1]
8 So wende MIR dein Herz vor allem zu;
erfasse MICH mit deinem ganzen Wollen;
lass deinen Geist in MIR die Ruhe finden
und streb´ empor zu MEINER Seligkeit.
9 Und kannst du diese Höhe nicht erreichen,
und zieht dein Geist dich, Erdensohn, hinab,
weil du zu lau bist, ganz dich hinzugeben,
nun, so versuch´ es denn mit niedrem Flug.[2]
10 Schwing dich empor durch weihevolle Andacht.
Gelingt dir dieses nicht, so ehre MICH
in deinem Tun.
Wirkst du für MICH allein,
so wirst du zur Vollkommenheit gelangen.
11 Und bist du auch zu diesem noch zu schwach,
so suche Zuflucht immerhin in MIR,

---

[1] *Der »Geist« begreift in sich den Einklang des Fühlens, Wollens und Denkens. Der Glaube stärkt ihn; die Hoffnung liebt ihn empor, und die Liebe breitet ihn aus.*
[2] *»Alles, was du um Gotteswillen nicht begehren willst, das hast du um Gotteswillen gelassen. Das ist die geistige Armut die der Herr selig preist«. (Eckhardt.)*

entsage gern den Früchten deiner Werke
und gib dich MIR in voller Demut hin.

12 Wohl ist das Wissen besser als der Fleiß,
doch ist die Liebe besser als das Wissen
und die Entsagung besser noch,
denn wer in Liebeskraft entsagt,
ist nah´ dem Ziel.

13 Wer keinem Wesen Böses will
und frei von Hass und Selbstsucht und
barmherzig ist,
im Glück und Unglück immer gleich sich bleibt,
geduldig und zufrieden immerdar,
14 im rechten Glauben treu,
mit festem Willen das Herz bezähmt
und das Gemüt auf MICH gerichtet hält,
sich gänzlich MIR ergibt
und MICH verehrt und liebt, der ist MIR lieb.
15 Wer niemand mehr auf dieser Welt betrübt und
selbst durch nichts betrübt wird,
sondern hoch erhaben über Lust und
Schmerzen ist,
von Zorn und Furcht befreit, der ist MIR lieb.

16 Wer ruhevoll und rein, vertrauensvoll,
von Vorurteilen und von Zweifeln frei,
MEIN Werk vollbringt und jedem Lohn
entsagend,
nur MICH verherrlicht will, der ist MIR lieb.

17 Wer nichts persönlich will und nichts verwirft,
wer nichts betrauert und auch nichts begehrt, wer
alles abstreift, was vergänglich ist
und nur das Höchste liebt, der ist MIR lieb.

18 Wer gegen Freund und Feind gleichmütig ist,
Ruhm und Beleidigung, des Winters Frost,
des Sommers Hitze, Lust sowohl als Schmerz,
mit Gleichmut tragen kann,
der ist MIR lieb.

19 Allein am meisten lieb´ ICH jene,
die MICH über alles lieben,
deren Leben die Liebe ist.
Sie lieb´ ICH über alles
und ICH ernähre sie mit MEINER Liebe.

DREIZEHNTER GESANG

KSCHETRAKSCHETREDSCHNAVIBHAGA YOGA / DIE ERLANGUNG DER WAHREN ERKENNTNIS DURCH UNTERSCHEIDUNG ZWISCHEN GEIST UND STOFF

Von dem Unterschiede zwischen „GOTT" und „Natur". In diesem und den folgenden Kapiteln wird der Unterschied dargelegt zwischen „GOTT" und „Natur", d. h. zwischen „Stoff" (Prakriti) und „Geist" (Puruscha), mit anderen Worten: Zwischen der belebten Materie und dem darin wirkenden Leben.

Ardschuna.

1 Gern möcht´ ich nun, o HERR, DICH reden hören
von diesen Leibern, die zu leben scheinen,

und von der Seele, die das Wahre sieht.
Worin besteht die Täuschung der Erscheinung?

KRISCHNA.

2 O Erdensohn, der Stoff, den du erblickst,
ist Kschetra (das „Gefäß"), ein Spielplatz ist´s,
in dem des Lebens Kräfte sich bewegen.
Was wahrnimmt, ist Kschetradschna
(oder »Geist«).[1]
3 ICH bin die Seele, die in allen Dingen
enthalten ist;
die wahrnimmt und erkennt.
Die wirkliche Erkenntnis ist nur jene,
die in sich selbst das, was sie ist, erkennt.[2]

---

[1] *Das eine ist die Organisation der Materie; das andere das Bewusstsein oder die Fähigkeit des Selbstbewusstwerdens. Wie der Mond sein eigenes Licht besitzt, mit dem er des Nachts die Erde beleuchtet, und wie dieses Licht dennoch nicht sein eigen, sondern nur der Widerschein des Sonnenlichtes ist, so hat auch alles in der Natur sein ihm eigentümliches Bewusstsein, von blinder Anziehung bis hinauf zur Selbsterkenntnis, dessen Ursache und Bedingung aber dem Selbstbewusstsein des LOGOS entstammt.*
[2] *Um in sich selbst den Unterschied zwischen Stoff und Geist in*

4 So höre denn, was jener Spielraum ist,
was sich ihm eignet und woher er stammt;
was ihn verändert und was ihn belebt
und ihm den Schein der eig´nen Größe leiht.
5 Die Elemente, das bewusste Leben,
Gemüt und unsichtbare Geisteskraft,
die äuß´re Körperform mit ihren Toren
und die fünf Sinne bilden das Gefäß,
das sich die Seele baut.
6 Abneigung, Neigung, Empfindung, Eigenwille,
Lust und Schmerz, Denkfähigkeit und
Selbstbewusstsein
sind die Eigenschaften, die ihm angehören.
7 Bescheidenheit, Aufrichtigkeit, Geduld,
Rechtschaffenheit und Unschuld, Reinheit, Treue,
Beständigkeit und Starkmut, Selbstbeherrschung,
Ehrfurcht für Heiliges und Wahrheitsliebe,
8 Verachtung sinnlicher Vergnügungen, Erkenntnis
all des Übels, das Geburt
verursacht

Wahrheit fassen zu können, muss der Geist im Menschen geistige Selbsterkenntnis erlangt haben.

(nämlich: Alter, Krankheit, Schmerz,
und Tod der Dinge, die vergänglich sind),
9 dann Geistesgröße und Erhabenheit,
Nichtüberschätzung der Familienbande,
die uns an Weib und Kind und Heimat fesselt, ein
ruhevolles Herz in Freud´ und Leid,
10 mit Glaubenshoheit, und ein fromm´ Gemüt,
zur Andacht stets gestimmt und oft in MICH
vertieft,
ein Herz, das MIR ergeben,
liebt[1]) mit MIR allein zu sein und Vielheit meidet.
11 Ausdauer mit Verharren in dem Geist
der Wahrheit und der Liebe.
Das ist die wahre Gottesweisheit;
alles andere entspringt der Nichterkenntnis,
Dunkelheit.

---

[1]) »Nichts kann gut heißen, es geschähe denn in der Liebe. Die Liebe aber soll rein ledig und abgeschieden sein; sie soll sich nicht richten auf mich oder meinen Freund oder auf irgend etwas außer sich; sondern allein auf die Güte und auf GOTT selber. Deshalb erstreckt sich die Liebe auf alles in gleicher Weise«. (Eckhart.)

12 Das ist das Licht und die Erkenntnis,
die Unsterblichkeit verleiht,
das Absolute ohn´ Anfang oder Ende,
das weder das Sat (das Sein)
noch Asat (Nichtsein) ist.
13 GOTT ist und ist auch nicht!
In allen Formen der Herrscher,
ist er dennoch unbeschränkt.[1])
Des Himmels Kräfte sind des Herrschers Hände,
allsehend ist SEIN Auge.
SEINE Füße sind überall;
14 ER ist es, der die Welt erleuchtet und erhält und
sie umfasst.
Glorreich in aller Sinne Kraft
und doch an nichts gebunden;
Meister jedes Werkes, und doch von allem frei;
15 bewegungslos und der Beweger doch von allem;
ER, den niemand fassen kann,
und der von allem der Träger ist,

---

[1]) *Da GOTT das Ganze ist, so geschieht auch alles, was im Weltall vorgeht, in GOTTES Wesenheit, in SEINER Natur, und da diese Natur Leben und Bewusstsein ist, so nimmt GOTT auch überall wahr, was in SEINEM Wesen geschieht; in SEINEM eigenen Ich ist ER aber über alles erhaben.*

der unteilbare EINE;
16 unendlich nah´, und unermesslich ferne,
ist selbst das Leben, das ER allen gibt,
ER ist der Allerhalter, der am Ende
die Welt zerstört
und sie auf´s neu´ erschafft.[1])
17 ER ist das Licht der Lichter, das die Nacht erleuchtet;
der Erkenner, das Erkannte und die Erkenntnis selbst,
die in den Herzen von allen Wesen wohnt.

18 Nun hab´ ICH dir verkündet,
was des Lebens Quelle ist, und was der Stoff.
Wer wahrhaft an MICH glaubt
und MICH in MIR erkennt, der kommt zu MIR.

---

[1]) »*GOTT berührt alle Dinge und bleibt doch selber unberührt. ER ist über allen Dingen und wird nirgends von etwas berührt. Alle Kreaturen haben ein Oben und Unten; GOTT hat es nicht. Alle Kreaturen suchen außer sich selber; jede an der andern, was sie nicht haben; GOTT sucht nicht außer sich. Was alle Kreaturen haben, das hat GOTT alles in sich*«. (Eckhart.)

19 Auch sollst du wissen, dass sowohl der Geist als
auch das Stoffliche ohn´ Anfang ist,
und dass die Eigenschaften der Natur
in der Natur selbst ihren Ursprung haben.
20 Es wirkt der Stoff durch seine eignen Kräfte und
baut sich wandelbare Formen auf;
der Geist, der sie bewohnt und überschattet,
verursacht, dass sie Lust und Leid empfinden.
21 Wenn sich der Geist mit Stofflichem verbindet,
so nimmt er an den Eigenschaften teil,
die der Natur gehören,
und mit ihnen erzeugt durch sie er Gutes
und auch Böses.
22 Der höchste WELTGEIST ist der höchste
Herrscher,
„Zuschauer und Besitzer" nennt man IHN.
Verkörpert selbst in ird´scher Hülle,
bleibt ER unberührt von Werken der Natur,[1])

---

[1]) »GOTT hat ewig in unbeweglicher Abgeschiedenheit gestanden und steht noch in ihr. In IHM ist niemals ein neuer Willensentschluss eingetreten. Alles was GOTT »geschaffen« d. h. in dem ewigen Worte gesprochen hat, hat ER ohne eigene Veränderung geschaffen. ER ist die reine Idealität, in die keinerlei Veränderung hineindringt«. (Eckhart.)

23 Wer so sich selbst als diesen GEIST erkennt, der
hat durch IHN das wahre Licht erlangt,
als Sohn des Lichts, von SEINER Last befreit, wird
er nicht mehr zu neuer Qual geboren.
24 Durch Selbstbeherrschung finden manche
Menschen
das Selbst der Seele;
manche finden es durch tiefes Denken
oder Heiligkeit,
und wieder andere durch gute Werke.
25 Auch hören manche Menschen davon reden und
suchen dann nach Licht und finden es.
Der Lehre folgend handeln sie gerecht
und überwinden so den bitter'n Tod.
26 Ein jedes Ding, in dem das Leben waltet,
ob es beweglich sei, ob unbewegt,
ob Pflanze oder Tiergebild´,
entsteht durch die Vereinigung von Geist
und Stoff;
27 und wer in den veränderlichen Formen MICH
den alleinigen und höchsten Herrn,
den Unerschaffnen, der sich niemals ändert,
erblickt,

der ist der Seher, welcher sieht.
28 Wer den ALLGEGENWÄRTIGEN,
den HERRN der Welt,
in sich und andern Wesen sieht,
der schädigt sich nicht mehr und sündigt nicht; er
schreitet sicher der Vollendung zu.
29 Auch wer erkennt, dass das, was die Natur
hervorbringt,
nur durch die Natur geschieht,
dass nicht die Seele handelnd auftritt,
sondern nur zusieht und besitzt,
auch der sieht klar.
30 Und wer der Wesen ungezähltes Heer
als Vielheit sieht,
die aus der Einheit stammt,
in der zuletzt sich alles wieder eint,
der hat die Einheit und er lebt in GOTT.[1]
31 Der höchste Geist ist frei von jedem Zwange,
frei von den Eigenschaften der Natur,

---

[1] *»Je mehr du dich aus dir kannst austun und entgießen, je mehr muss GOTT in dich mit seiner GOTTHEIT fließen. Der Vielheit ist GOTT feind; drum zieht ER uns so ein, dass alle Menschen sollen in Christo Einer sein«. (Angelus Sileslus.)*

Und wird, auch wenn er einverleibt erscheint, durch nichts, was die Natur bewirkt, befleckt.[1]

32 Gleichwie der Äther durch die Körper dringt und doch durch diese nicht verändert wird.
So wohnt der Weltgeist in den Wesen frei und wird durch deren Werke nicht befleckt.

33 So wie der Sonnenschein die Luft durchdringt und doch nicht durch den Ort, in dem er weilt, verdorben wird,
so scheint das Licht der Seele an allen Orten rein und unbefleckt.

34 Wer durch der Weisheit Auge klar erkennt, wie sich der Geist vom Stoffe unterscheidet,
und wie sich Licht und Dunkelheit bekämpfen, der folgt dem Licht und geht zum Frieden ein.

---

[1] *Das ist nicht, wie Lorinser angibt, »ein Irrtum der indischen Philosophie«. Weder als Gott des Mikrokosmos, noch als Gott des Makrokosmos betrachtet, kann GOTT (die ewige Atma) von irgend etwas berührt werden, was im Menschen oder in der Welt vor sich geht; wohl aber werden die höheren Seelenkräfte des Menschen, Buddhi Manas (die menschliche Seele und Kamarupa (das tierische Wesen) davon berührt.*

VIERZEHNTER GESANG

GUNATRAYAVIBHAGA YOGA
DIE DREI GEWALTEN DER NATUR

Alles, was in der „Natur" und im „natürlichen Bewusstsein" vor sich geht, ist die Folge von drei der Natur eigentümlichen Eigenschaften oder Tätigkeiten der Natur, die der Anstoß von allem irdischen und persönlichen Fühlen und Wollen, Denken und Tun sind. Jedes Ding ist in sich selbst verschieden, je nachdem es aus der einen oder der anderen dieser drei Eigenschaften entspringt. So ist der Glaube aus Erkenntnis etwas anderes als der Glaube aus Habsucht oder der Glaube aus Dummheit. Das gleiche Gesetz gilt für jedes Ding. Diese drei Eigenschaften oder Kräfte, die man „Gunas" nennt, nämlich: Sattwa-, Radschas- und Tamas-Guna, werden gewöhnlich mit den Worten „Wesenheit", „Leidenschaft" und „Dunkel" übersetzt. „Sattwa" bezeichnet das wahre Wesen, die Wahrheit, das Licht; „Radschas" die Macht der Begierde, das Wesen der Leidenschaft; „Tamas" die Finsternis der Unwissenheit, die Nicht- erkenntnis, aus der die Torheit stammt. Die GOTTHEIT aber ist erhaben über die Natur mit diesen ihren Eigenschaften. SIE ist in sich selbst weder gut noch böse, da „gut" und „böse" relative Begriffe sind und nur für die Offenbarungen GOTTES gelten. Wer die drei Naturgewalten überwindet, indem er sich mit seiner göttlichen Wesenheit vereint und sich seines göttlichen Seins bewusst wird, der ist frei.

KRISCHNA.

1 Noch weiter will ich das Geheimnis dir enthüllen,
das die tiefste Weisheit ist,
durch deren Offenbarung MEINE Seher
zur Wahrheit und Vollkommenheit gelangten.[1]

---

[1] *Es kann keine höhere Wissenschaft geben, als die Erkenntnis*

2 Wer dieser MEINER Lehre fest vertraut
und ihren tiefen Sinn erkennt,
der wird nicht mehr geboren
und nicht mehr berührt von Weltentstehung
und Weltuntergang;
3 das Weltall ist der große Mutterleib,
in den ICH aller Dinge Samen streue;
aus diesem gehen die lebend'gen Wesen
von jeder Art, o Erdensohn, hervor.
4 Denn stets, wenn ein Geschöpf geboren wird,
gleichviel in welchen Formen es entsteht,
bin ICH's, der Geist, der Allem Leben gibt
und Samen schafft, aus dem die Formen
wachsen.[1])

GOTTES, des Menschen und der Natur. Um aber GOTT in GOTT, sich selber als wahrer Mensch und Natur zu erkennen, dazu gehört das Selbstbewusstsein des Wahren, dem die höhere Wahrnehmungsfähigkeit entspringt. Wie alle unsere Wissenschaft In Bezug auf äußere Dinge auf bloßer Spekulation beruhen würde, wenn wir nicht die Fähigkeit hätten, äußere Erscheinungen wahrzunehmen, so ist auch die höchste Wissenschaft in Bezug auf geistige Dinge bloße Spekulation für den, der keine geistige Erkenntnis besitzt. Wer aber diese Erkenntnis hat, für den verschwindet der Zweifel.
[1]) *»Der VATER ist der Gottesgedanke; das Wort ist der Ausdruck des-*

6 Sattwa (Bewusstsein), Radschas (Leidenschaft)
und Tamas (Nichterkenntnis)
sind die drei Gewalten der Natur.
Sie binden stets den freien Geist an diese
Körperwelt.
7 Von diesen bindet Sattwa, das rein
und leuchtend ist,
die sündenfreie Seele durch Wohlgefallen
und Glückseligkeit,
die aus Erkenntnis seiner Güte kommt.[1])
7 Doch Radschas, der Begierde nah verwandt, der
Quell der Selbstsucht und der Leidenschaft ergreift
die Seele durch die Kraft der Werke,
die in der Eigenheit ein Mensch vollbringt.[2])

selben, der »eingeborene Sohn«; der Geist der Wahrheit ist der gemeinsame Ausfluss, der Inbegriff von Vater und Sohn die Wirkung von Gedanke und Wort, die Offenbarung in der Natur«. (Kerning.)
[1]) *»Die Seele ist das eigentlich Vernünftige und Wirkende; dennoch kann man nicht mit Recht sagen: Meine Seele tut das, oder jenes; denn erst Leib und Seele machen zusammen den Menschen aus. Die eigentlich bedingende Macht aber ist die Seele, nicht der Leib, der ohne die Seele leblos ist. (Eckhart.)*
[2]) *Die Seele vom Leibe getrennt hat weder Vernunft noch Wille, sie ist*

8 Tamas, die Dummheit und der Unverstand,
die Ausgeburt erkenntnislosen Dunkels,
ein Nichts, das doch die ganze Welt beherrscht,
durch Schlaf und Trägheit bindet es die Seele,[1]
9 So herrscht denn Sattwa durch das Lustgefühl,
Radschas durch Tatendrang und Wissensdurst, und
Tamas durch die blinde Torheit,
die dem Lichte der Erkenntnis widersteht.
10 Wird Leidenschaft und Dummheit überwunden,
so bleibt das Licht zurück und leuchtet klar;
geht die Erkenntnis und Begierde unter,
so bleibt die Torheit übrig,
und wenn Tamas und Sattwa schwinden,
brennt noch Radschas fort.

---

einfach. Sie enthält wohl das Prinzip und die Wurzeln ihrer Tätigkeiten, aber übt sie nicht wirklich. Darin besteht der Unterschied der Seele vom Geiste. Geist heißt die Seele, wenn sie über alles Kreatürliche erhaben und in sich selbst gesammelt ist.« (Eckhart.)
[1]*»Ohne die Gnade (die Erkenntnis) ist die Seele wie ein erstorbener Baum, der keine lebendige Frucht zu bringen vermag. (Eckhart.)*
Unwissenheit, Trägheit, Bewusstlosigkeit sind relative Begriffe. Man kann z. B. in weltlichen Dingen sehr gelehrt und dennoch in geistigen Dingen ganz unerfahren sein.

11 Wenn durch die Tore deines ganzen Wesens das Licht der Wahrheit scheint,
so wirst du finden, dass Sattwa in dir reif geworden ist.

12 Wenn Sehnsucht, Habsucht oder Wissbegierde, Gewinnsucht, Strebertum und Tatendrang der Seele Ruhe stören,
wisse dann, dass Radschas in dir Herr des Reiches ist.

13 Wo Dummheit, Trägheit, eitler Größenwahn, hochmütige Nichtswisserei, Verharren im Irrtum, Zweifelsucht und Aberglauben zu Hause sind,
da ist Tamas der Herr.

14 Und wenn die Seele diese Welt verlässt, wenn Sattwa in ihr herrscht,
so geht sie ein zur Götterwelt des Lichts,
wo jene wohnen, die nach dem Guten suchten und es fanden.

15 Doch wenn der Körper stirbt,
so lange Radschas in ihm die Herrschaft hält,
so führt der Weg ins Reich des Feuers,

dorthin, wo der Ort für erdgebundene Wesen sich befindet.¹)

16 Und stirbt der Mensch von Tamas Nacht verhüllt, starrköpfig sich dem Glaubenslicht verschließend, so gibt er seine Menschenwürde auf und geht vertiert zu niedern Wesen ein.

17 Das, was aus Sattwa kommt, wird „gut" genannt;
Radschas gebiert nur Qual, und Tamas Torheit,
Erkenntnis kommt aus Sattwa,
Gier entspringt aus Radschas,

---

¹) *Die Reinkarnation der menschlichen Seele, wie auch der »Sündenfall« sind die Bedingungen der Entwicklung der menschlichen Individualität. Nur dadurch, dass die Menschheit als Ganzes »fiel« konnte der individuelle Mensch die Finsternis durch das ihm innewohnende Licht besiegen und aus einem willenlosen Werkzeuge ein tätiger Mitarbeiter GOTTES im Weltall werden. Diese Überwindung und Erlangung der göttlichen Selbsterkenntnis geschieht aber nicht in einem einzigen Dasein auf Erden, sondern es ist hierzu eine lange Reihe von Inkarnationen auf verschiedenen Planeten nötig. Das, was sich als Mensch reinkarniert, ist weder der LOGOS selbst, noch das Tierische im Menschen, noch auch seine Körperform, sondern seine geistige Individualität, deren Wesen ein Strahl des Lichtes des LOGOS ist, und dessen Form »Karana scharira« genannt wird.*
»Nicht die ursprüngliche Einheit, sondern die aus dem Bruche wieder hergestellte

und aus Tamas kommt Verdummung.¹)
18 Wer in der Eigenschaft von Sattwa steht,
der schwebt im Geist zu lichten Höhn empor;
beherrscht von Radschas bleibt er in der Mitte, doch
Tamas zieht zum Abgrund ihn hinab.²)
19 Wenn nun ein Mensch, der Weisheit hat,
begreift, wie diese Kräfte der Natur in ihm
sich offenbaren
und er das erkennt, was über diesen steht,
dann ist er frei.³)
20 Nicht mehr vollbringt er selber dann die Werke

Einheit ist der wahrhafte Zweck der Schöpfung«. (Eckhart.)
¹) Die wahre Erkenntnis entspringt aus dem wahren Wesen des Menschen, seine Begierden aus der Illusion des Sonderseins, in der das tierische Prinzip wurzelt, seine Torheit aus der Nichterkenntnis der Wahrheit und der Verehrung der Lüge.
²) »Die Sünde ist zunächst des Menschen größte Unseligkeit; aber andererseits ist sie auch der Durchgangspunkt für sein größtes Heil«. (Eckhart.)
³) GOTT, DER aller Dinge Ideen in sich trägt, schaut auf das Böse sowohl als auf das Gute, wie ein Zuschauer, der weder am Bösen noch am Guten beteiligt ist. »ER sieht das Böse nicht als Sünde, sondern in der Form des ihm entgegengesetzten Guten. Die Sünde hat vor IHM kein Wesen«. (Eckhart.)

aus denen diese Körperwelt entstellt;
er ist von Tod, Geburt und Sünde frei
und trinkt das Wasser der Unsterblichkeit.

Ardschuna.

21 Woran erkennt man, HERR, denjenigen,
der diesen Sieg errungen hat?
Wie lebt ein solcher Mensch,
und wie gelingt es ihm, durch Geisteskraft
sich so zu überwinden?

KRISCHNA.

22 Wer, ohne seine Ruhe zu verlieren,
den Glanz des Lichtes, der Begierde Feuer,
der Torheit Dunkelheit,
wenn sie in ihm vorhanden sind, ertragen kann
23 und nicht durch etwas, das ihm fehlt,
verbittert wird;
wer so, wie einer, den das nicht betrifft, Zuschauern
gleich die Spiele der Natur
betrachtend, spricht:
„Sie folgen dem Gesetz!"

24 Wem Lusterfüllung oder Schmerzempfindung, ein Stein, ein Klumpen Goldes, Freund und Feind gleichwertig sind,
wer immer ruhevoll, erhaben über Lob und Tadel ist,[1]

25 von nichts mehr angezogen werden kann und nichts im Weltall fürchtet,
weil er das Gesetz, das über allem steht, erkennt; der wird ein Überwinder der Natur genannt.[2]

26 Und wer MIR so in Treu und festem Glauben ergeben ist
und MICH vor allem ehrt,

---

[1] »GOTT ist die ewige Ruh, weil ER nichts sucht noch will. Willst du in Gleichem nicht, so bist du auch so viel«. *(Angelus Silesius.)*
[2] *Diese Verehrung gipfelt darin, dass sie aufhört zu sein, denn für den, der selbst in das ewige Sein Brahmas eingeht, gibt es auch keinen Gegenstand der Verehrung mehr; er ist selbst das ewige SEIN, das alles umfasst.*

den mach ICH frei von den Naturgewalten; er geht in MICH, in Brahmas Wesen, ein.

27 Denn ICH bin Brahmas segensreiche Wohnung,
die Heimat der Unsterblichkeit,
der Geist, das Dasein, die Erkenntnis, das Gesetz
und aller Wesen höchste Seligkeit.

FÜNFZEHNTER GESANG

PURUSGOTTAMAPRAPT YOGA
DAS BUCH DER RELIGION DURCH DIE ERLANGUNG DES HÖCHSTEN

Die Freiheit wird dadurch erlangt, dass der Mensch das Göttliche, dessen Wohnung er selbst ist, in sich selbst und in Allem erkennt. Um es aber zu erkennen, muss er aufhören nur „Mensch" (Persönlichkeit) zu sein und selber in GOTT eingehen.

KRISCHNA.

1 Man sagt, dass Aswattha, der Feigenbaum,[1]
der seine Wurzeln hoch im Himmel hat

---

[1] *Der heilige Feigenbaum ist der Baum des Lebens im Ganzen sowohl als im Einzelnen, d. h. die Menschheit, wie auch der einzelne Mensch.*

und dessen Zweige sich zur Erde senken,
geheiligt sei. —
Wer ihn kennt, kennt das All.

2 Aufwärts und abwärts streben seine Blätter: und durch die Eigenschaften der Natur genährt, entspringen seine Wurzeln stets aufs neu den Werken, die der Mensch vollbringt.

3 Auf dieser Erde wird der Baum des Lebens, sein Ursprung und sein Ende nicht erkannt; wer aber mit dem Schwerte der Entsagung von seinem Herzen diese Wurzeln trennt,

4 der geht zum Höchsten ein,
in jene Wohnung,
von der, wer sie erreicht hat,
nimmermehr zurück sich sehnt;

Dem Lichte entsprungen, wurzelt sein Geist in der Dunkelheit des Materiellen, aber aus diesem nimmt er den Stoff und bildet sich auf dem Wege der Evolution eine geistige Organisation, die eine göttliche Frucht hervorbringt. Diese Frucht ist der zum selbsterkennenden Individual erwachsene Gottmensch. Was aber die Individualität des Menschen an die Erde fesselt, und ihn zu immer erneutem irdischen Dasein zwingt, das sind die Taten, die er in seiner Selbstheit mit Willen und Absicht vollbringt.

zur Quelle aller Wahrheit,
aus der der Strom des Lebens ewig fließt.
5 Wer frei von Eitelkeit und Selbstwahn ist,
den Hang zum Bösen mutig überwindet
und sich von ganzem Herzen GOTT ergibt,
der geht in GOTTES höchste Wohnung ein.[1])
6 Dort leuchtet eine andre Sonne,
dort erhellt ein andrer Mond den Himmel,
dort erscheint ein andres Licht,
und wem es leuchtet, der ist von Irrtum
und von Sünde frei.
7 Wenn in der offenbaren Welt

---

[1]) *Es handelt sich nicht darum, nur einen guten, moralischen oder tugendhaften Menschen heranzubilden, sondern die eigene Selbstheit, sei sie gut oder böse, ganz zu verlassen, damit das Leben GOTTES im Menschen erwachen kann. Der Mensch in seiner Selbstheit kann nicht zum »Übermenschen« oder GOTT werden; das Nichts kann sich nicht über sich selbst erheben, das Dunkel nicht leuchten. Es findet kein »Übergang« vom scheinbaren zum wirklichen Sein statt, sondern GOTT wird im Menschen zum Wesen, indem der Mensch in seiner Selbstheit zu Nichts wird, und sich als Nichts erkennt.*
»Die Natur ist schlau und hat immer sich selbst zum Zwecke. Die Gnade dagegen tut alles wie um Gotteswillen, in DEM auch ihr Ruhepunkt ist«. (Thomas v. Kempen.)

ein Strahl von MEINEM Geist in eine Form
sich kleidet,
so zieht er aus dem Reiche der Natur
das Sinnesleben und die Denkkraft an.¹)
8 So wird die Seele mit dem Fleisch verbunden,
und wenn sie es verlässt, so sammelt sie den Duft
des Irdischen,
so wie der Wind der Blumen Wohlgerüche
mit sich führt.
9 Verbunden mit dem Aug´ und Ohr, Geruch,
Geschmack, Gefühl und Denken,
wird die Seele dem Fleische untertan
und unterwirft sich gern der Herrschaft dieser
Sinneswelt.
10 Die Unverständigen erkennen nicht den GEIST,
der kommt und geht
und der, verbunden mit den drei Eigenschaften
der Natur, verkörpert auftritt.

---

¹) *Dieser individuelle Strahl des Lichtes des LOGOS stellt die geistige Individualität der Menschen dar, die sich zu seiner »Persönlichkeit« oder irdischen Erscheinung ähnlich verhält, wie die Person eines Schauspielers zu den verschiedenen Masken, unter denen er auftritt.*

11 Die Erleuchteten erkennen IHN
in ihren eig'nen Herzen, in SEINEM Selbst; allein
der eitle Tor, vom Eigenwahn verblendet,
sieht ihn nicht,
selbst wenn er eifrig IHN zu schau'n sich müht.
12 Von MIR ist all' die gold'ne Herrlichkeit,
die in der Sonne scheint,
das Silberlicht, das von dem Monde strahlet,
und von MIR der Glanz des Feuers,
der die Welt erhellt.
13 Eindringend in den Boden, geb' ICH Kraft
und Feuer allem,
was die Mutter Erde gebiert;
ICH bin es, der den Nahrungssaft
durch Wurzeln, Zweige, Stamm und Blüte treibt,
14 als Lebenswärme werd' ICH offenbar in Wesen,
welche atmen.
Zweifach ist MEIN Atem:
Innerlich und äußerlich, geistig und tierisch.
So ernähr' ICH alles.
15 Zweifach ist alles Dasein in der Welt:
das ungeteilte Eine und das Andere,
das teilbar ist.
Was lebt, ist teilbar,

das Ungeteilte ist das herrschende Prinzip.
16 Doch über allem ist der GEIST,
dess´ Geisteskraft die ganze Welt durchdringt,
der sie erfüllet und erhält,
der HERR, der EWIGE,
der niemals untergeht.
17 Weil ICH erhabener als das Geteilte und höher als das Ungeteilte bin,
so nennt man MICH mit Recht den höchsten GOTT,
den Puruschottama.

18 Und wer MICH so, vom Irrtum frei,
in seinem Herzen kennt
und sich zu MIR mit allen seinen Kräften
von ganzer Seele wendet, kommt zu MIR.
19 Das ist das heilige Geheimnis,
das ICH dir enthülle, weil du sündlos bist.
Wer es begreift, hat Weisheit
und hat nichts mehr mit dieser Welt zu schaffen;
er ist frei.

SECHZEHNTER GESANG

DAIVASARASAUPADWIBHAGA YOGA
DAS BUCH VON DER GETRENNTHEIT DES GÖTTLICHEN VON DEM UNGÖTTLICHEN

Von dem Einflüsse der „Götter" und „Nichtgötter" (Suras und Asuras), d. h. der geistigen (intelligenten) Kräfte der oberen und der unteren Regionen. Der Mensch ist eine organisierte geistige Kraft oder Wesenheit und wird daher von höheren oder niederen Kräften oder Wesenheiten beeinflusst. Um zwischen diesen Einflüssen unterscheiden und wählen zu können, bedarf er der göttlichen Selbsterkenntnis (Weisheit.)

KRISCHNA.

1 Furchtlosigkeit und Herzensreinheit,
Wille zum Streben nach der Freiheit, Liebesfülle für alles, was da lebt,
2 Ausdauer, Opfermut, Zurückgezogenheit
und Selbstbeherrschung,
Entsagung, Unschuld, Wahrheitsliebe, Güte,
Freigebigkeit, Barmherzigkeit, Geduld,
Bescheidenheit und Gleichmut, inn´re Ruhe,
Beständigkeit, ein freudiges Gemüt.
3 Zornlosigkeit und Milde, Keuschheit, Stärke,
Verstandesklarheit und ein ruhig Herz;
das sind die Eigenschaften aller Wesen,
die himmlischer Geburt entgegengehen.
4 Zorn, Neid und Roheit, Selbstvergötterung,
Dummheit und Eitelkeit und Heuchelei;
Das sind die Zeichen der Unseligen,
Auf die das Schicksal der Asuras[1] wartet.
5 Die himmlische Geburt bringt Seligkeit;
die andre führt zur Knechtschaft und zum Leid.
Doch traure deshalb nicht, o teurer Prinz!

---

[1] *Asuras = «Nichtgötter«, d. h. Dämonen.*

Dir steht als Mensch der Weg zum Höchsten
frei.[1])

6 In jedem Menschen wohnen zwei Naturen;
die göttliche und auch die tierische.
Die eine hab´ ICH dir bereits erklärt;
Vernimm nun die Beschaffenheit der zweiten:[2])
7 den Wesen, welche den Asuren gleichen,
ist nicht ihr Ursprung noch ihr Ziel bekannt.

---

[1]) *Dieses Los besteht darin, dass der Mensch die Fähigkeit hat, zur Erkenntnis und dadurch zur Freiheit des Handelns zu gelangen.*
»*Der Mensch soll GOTT nicht fürchten. Das allein ist die rechte Furcht, wenn man fürchtet, GOTT zu verlieren. Was den Menschen von GOTT trennt, das ist nur das Äußerliche, Unwesentliche, im Wesen ist er schon mit GOTT eins; es handelt sich nur darum, dass er diese Einheit in sich selber erkennt, indem er die Hindernisse, die sich dieser Erkenntnis in den Weg stellen, überwinden lernt*«. (Eckhart.)
Wie es in der Seele des Menschen verschiedenartige Zustände gibt, die durch den Willen und dessen Äußerung im Denken und Handeln in ihm korrespondierende Gedankenbilder und körperliche Zustände erzeugen, sodass sich seine Gemütszustände auch in seiner äußerlichen Erscheinung widerspiegeln können, so existieren auch die korrespondierenden Bewusstseinszustände und Willenskräfte in der Seele der Welt, die auf die

Schlafwandlern gleichend leben sie,
man findet in ihnen weder Rechttun
noch Verstand.

8 Sie sagen: „Diese Welt hat kein Gesetz
der Ordnung, keine Wahrheit, keinen Herrn;
sie ist aus blindem Ungefähr entstanden;
des Daseins Zweck ist sinnlicher Genuss.

9 Und diesem Irrtum folgend handeln sie,
denn unrein ist ihr Herz und das Gemüt
verdunkelt, der Verstand verwirrt.
So sind sie, die Verlorenen, der Fluch der Welt.

10 Sie geben unersättlichen Gelüsten sich hin und
sind voll Zorn und Eitelkeit;
vom Schein geblendet, lieben sie die Täuschung,
und ihre Lebensweise ist verkehrt.

11 Die Lüge halten sie für wahr
und lieben den Irrtum, der zum Tode führt;

ihnen ähnlich Elemente im Inneren des Menschen einwirken und in ihm Form annehmen können, sodass eine beständige Wechselwirkung zwischen dem Menschen und der Geisterwelt entsteht.

sie kennen die Wahrheit nicht und opfern am Altare
des Götzen
ihres wahngebor´nen Selbstes.

12 Von vielerlei Verlockungen umstrickt,
der Wollust, Torheit und dem Zorn ergeben,
ist ihr Bestreben, Reichtum anzuhäufen,
um ihre Lüste zu befriedigen.
13 Sie sprechen: „Dieses hab´ ich heut´ erreicht,
und jenes hoff´ ich morgen zu gewinnen.
Der eine Wunsch ward heute mir erfüllt,
den andern hoff´ ich morgen zu erlangen,
14 schon hab´ ich heute diesen Feind bezwungen,
und jenen hoff´ ich morgen zu vernichten.
Ich bin ein Herr der Erde, ich bin stark
und mächtig;
Ja! mein Wille ist Gesetz.

15 Wir sind die Reichen und
Hochwohlgebor´nen;
wer lebt wie wir, so froh und ungebunden?
was uns belustigt, das genießen wir.
16 So sprechen diese Wesen wahnbetört.
Vom Wirbelsturm der Leidenschaften stets im

Kreis getrieben
und vom Netz des Irrtums umfangen,
streben sie hinab und sinken hinunter in den
eklen Höllenschlund.[1]
17 Hochmütig, trotzig und besitzestrunken
sind diese Wesen;
ihre frommen Werke sind Heuchelei;
sie opfern nur zum Scheine,
und wertlos sind die Gaben, die sie bringen.
18 Der Selbstsucht und der Eitelkeit ergeben,
starrsinnig und voll Hochmut,
hassen sie, die Läst'rer,
MICH in ihren eigenen Formen
und in den Formen derer, die sie zeugen.
19 Verhasst und hassend, grausam, herzlos, schlecht,
so steh'n sie als der Menschheit Abschaum da;
sie die Unheiligen, Verlorenen[2]
verstoß' ICH in die Leiber der Dämonen.
20 Und vom Dämonenschoß geboren,

---

[1] »Die Hölle ist ein innerer Zustand, und wer die Hölle in sich hat, bringt sie mit sich an jeden Ort. In der Hölle brennt der Eigenwille, d. h. das Nicht, das Bewusstsein der Entbehrung der Seligkeit, deren Erlangung man sich während des Lebens widersetzt hat«. (Eckhart.)

[2] *Ihr eigener GOTT, ihr eignes Wesen »verstößt« sie dorthin, wohin sie*

gehn als Toren von Geburt sie zu Geburt;
so wandeln sie fortan den tiefsten Weg,
bis sie zuletzt zu MIR sich wieder wenden.

21 Der Hölle Tor ist dreifach,[1])
dreifach ist der Weg, der zu ihm führt:
Die Wollust, Zorn und Geiz.
Vermeide sie!
Wer sie vermeidet,
der geht den rechten Weg und findet Frieden.

---

d. h. gehören sie folgen dem Gesetze der geistigen Gravitation. Sie werden ein Bestandteil jener Kraft, jenes Wesens, das mit ihrem eigenen Wesen identisch ist.

[1]) »Die Seele hat drei mächtige Feinde: Das Fleisch, die Welt und den Teufel« (Eckhart.)
»Der Teufel« ist ebenso wenig als GOTT eine »Person«. Wie aber die Liebe der Kinder des Lichtes in einem einzigen geistigen Bewusstsein gipfelt, das man den »Sohn Gottes« nennt, so gipfelt auch der Hass aller teuflischen Menschen in einem selbstbewussten teuflischen Willen, der »Teufel« (Dhyan-Chohan des Bösen) genannt wird, und wie GOTT nur auf das Göttliche, was im Menschen wirkt, so kann auch der Teufel nur auf das, was im Menschen teuflisch ist, wirken. »Diabolus est Deus inversus«. (Siehe Theophrastus Paracelsus, »Philosophia occulta«.)

SIEBZEHNTER GESANG

SRADDHATRAYAVIBHAGA YOGA
DIE DREI ARTEN DES GLAUBENS

Es gibt dreierlei Arten von Glauben oder Gottesverehrung: Den äußeren, den inneren und den geistigen Glauben. Der äußere Glaube sucht sein Heil in äußeren Dingen und in kirchlichem Ritus; er ist ein Fürwahrhalten gewisser Meinungen. Der innere Glaube sucht sein Heil bei einem von seinem eigenen Wesen verschiedenen Gotte zu erlangen. Der Geistige Glaube steht fest im Selbstbewusstsein der eigenen Göttlichen Kraft.

Ardschuna.

1 Was ist, o HERR, der Zustand jener Menschen, die
Gutes tun und treu im Glauben sind,
allein sich nicht um Vorgeschriebenes kümmern?

Ist′s Sattwa, Radschas oder Tamas — sprich!

KRISCHNA.

2 Des Menschen Glaube hat ein dreifach Wesen,¹)
je nach der Eigenschaft, der es entspringt: Der
wahre Glaube, der begehrliche
und dann der dunkle, der aus Torheit stammt.
3 Der Glaube eines jeden Menschen kommt
aus dessen eig′nem Wesen.
Was er liebt, das ist er selbst,
und was er ist, das liebt er
und glaubt es auch, und wird damit vereint.
4 Die Sattwa-Menschen beten zu den Göttern, die
Radschas-Menschen zu den Rakschasas
und Yakschas;
doch die Tamas-Menschen zu Pretas, Bhutas
(Teufeln und Gepenstern.)²)

---

¹) »Der Glaube ist die Bewegung der Seele, die zur Losreißung von allem Kreatürlichen und zur Wiedervereinigung mit GOTT führt«. (Meister Eckhart.)
²) Pretas und Bhutas sind Teufel und Gespenster; die Elementar- geister, die die »Astralleichen« der Toten in Besitz nehmen und beleben, die »Schatten« oder »Larven« Verstorbener, die in spiritistischen Zirkeln eine große Rolle spielen.

5 Und wer im frommen Eigensinn sich müht,
Bußwerke übend, die nicht vom Gesetz
geboten sind
und ihren Ursprung nur im Selbstwahn haben, der
betrügt sich selbst.[1]
6 Wer so des Körpers Elemente quält,
die in dem Körper eingeschlossen sind,
der quält auch MICH, der ICH in allem wohne;
dem Bösen huldigt er, nicht aber MIR.
7 So wie die Nahrung immer dreifach ist in ihrer
Wirkung,
so ist dreifach auch die Buße, Opfer
und Almosengeben.
Vernimm, wie sich die Arten unterscheiden:
8 Die Nahrung,[2] welche Lebenskraft vermehrt und
Wohlbefinden, Ruh´ und Stärke gibt.

---

[1] »Man soll sich hüten, sich bestimmte Regeln über äußere Dinge, Speise und Kleidung vorzuschreiben, und sich gewöhnen, im tiefsten Grunde des Gemütes darüber erhaben zu sein, damit uns nichts reize, als die Liebe zu GOTT allein. Sich selber soll man zuerst lassen, dann hat man alle Dinge gelassen«. (Eckhart.)
[2] Jedes Element im Menschen, sei es körperlich oder geistig, sucht die Nahrung, die seiner eigenen Natur angemessen ist in sich aufzunehmen.

gereift, wohlschmeckend und verdaulich ist,
wird von den Sattwa-Menschen vorgezogen.
9 Die andere, die scharf und reizerregend,
gewürzhaft, feurig, salzig, sauer ist,
das Blut erhitzt und Schmerz und Krankheit bringt,
wird von den Radschas-Menschen sehr geliebt.
10 Doch das, was faul, geschmacklos, abgestanden,
verdorben, schmutzig, weggeworfen ist,
und edleren Naturen nicht behagt,
ist noch den Tamas-Wesen angenehm.
11 Ein Opfer nun, das selbstlos,
ohne Wunsch nach Lohn und Lob,
gebracht wird,
im Gefühl der Pflicht, so wie es das Gesetz verlangt,
entspringt aus Sattwa (der Erkenntniskraft.)
12 Ein Opfer, dargebracht aus Gier nach Lohn, um etwas Bess´res dafür einzutauschen,
aus Eitelkeit, Gewinnsucht, Prahlerei,
hat die Natur der Radschas-Eigenschaft.[1]

---

[1] *»Wer GOTT um Gaben bittet, der ist gar übel dran. Er betet das Geschöpf und nicht den Schöpfer an«. (Angelus Silesius.)*

13 Wer gegen das Gesetz und sinnlos opfert,
erkenntnislos, dem wahren Glauben fern,
und ohne dass GOTT Anteil daran hat,
der opfert aus der Tamas-Eigenschaft.[1])
14 Des Leibes Buße ist, wenn man in Wahrheit die
GOTTHEIT ehrt,
den Erleuchteten Verehrung zollt
und gegen alle geduldig, liebevoll
und gütig ist.
15 Das Wort, das wahrhaft ist und niemand
schmerzt,
der Rede Freundlichkeit und Herzensgüte,
der frommen Seele heiliges Gebet
ist Buße, die der Mensch im Sprechen übt.
16 Des Herzens Reinheit, Gleichmut,
Schweigsamkeit,
beharrlich´ Streben nach der Heiligung,
ein fromm Gemüt und Willensfestigkeit
ist inn´re Buße, die der Geist vollbringt.
17 Das ist der wahren Buße dreifach Wesen,
und wird sie ohne Hoffnung auf Gewinn

---

[1]) *»Du darfst zu GOTT nicht schreien, der Brunnquell ist in dir. Stopfst du den Ausgang nicht, so fließt er für und für«. (Augelus Silesius.)*

im Licht des Glaubens ausgeübt,
so ist´s die Sattwa-Eigenschaft, die sie erfüllt.
18 Doch wer sich solcher Buße nur bedient,
um Lob und Vorteil dadurch zu gewinnen,
der ist ein Heuchler, eitel ist sein Werk,
und es entspringt der Radschas-Eigenschaft.
19 Die Buße aber, die da zwecklos ist,
aus Aberglauben unternommen wird,
auch jene, die zur Selbstqual unternommen,
nur schadet,
hat die Tamas-Eigenschaft.

20 Wer stets zur rechten Zeit, am rechten Orte, aus Mitleid und mit freudigem Gemüt
Almosen spendet, weil´s die Pflicht verlangt,
und nichts dafür erwartet, gibt aus Sattwa.
21 Wer eine Gabe bringt, weil er sich denkt,
Gewinn und Vorteil dadurch zu erlangen,
auch wer mit Unlust, widerwillig gibt,
der handelt in der Radschas-Eigenschaft.
22 Und wer in barscher Weise, mit Verachtung, zur Unzeit oder am unrechten Ort, Almosen jenen gibt,
die es missbrauchen.

der ist von Tamas-Eigenschaft bewegt.
23[1]**)** OM, TAT und SAT, das ist der Name Brahmas,
in der Dreifaltigkeit durch Überlieferung
bekannt.
Durch diese Kraft erstanden die Geweihten,
die Veden und die Opfer dieser Welt.
24 Wer Brahma kennt, der spricht den Namen OM,
wenn er ein Opfer bringt, Almosen gibt,
ein Werk der Buße tut vor dem Gesetz.
25 TAT sprechen die, die auf Erlösung hoffen[2]) bei
Opfern, Bußwerk und Almosengeben,
das ohne Rücksicht auf Gewinn geschieht.
26 SAT, bedeutet — Wahrheit — Güte,
und wird gesprochen beim Vollbringen einer
guten Tat.

---

[1]) *F. Hartmann hat bei der ursprünglichen Übertragung Vers 23—28 ausgelassen, weil er fürchtete, dass die Anwendung dieser magischen Worte leicht zu niederen Zwecken verwendet werden könnte. (D. H.)*
[2]) *Das ist nicht so zu verstehen, als ob man bei gewissen Handlungen, die Worte »OM«, »TAT« oder »SAT« hersagen müsse, sondern diese Worte sind der Ausdruck der Gefühle bei den betreffenden Handlungen; sie sprechen sich selber durch die Handlungen aus.*

27 SAT heißt Beharrlichkeit im Opfer,
in Buße und im Geben frommer Gaben,
SAT heißt auch alles, was zu diesem Zweck
geschieht.
28 Doch was man ohne Glauben büßt und gibt,
opfert und tut heißt Asat.
Wertlos ist es für dieses Erdenleben,
wertlos auch für das Dasein nach dem Tod.[1])

---

[1]) *Deshalb heißt es, dass der Glaube das Werk heilige. Wer in heiligem Glauben selbstlos handelt, der handelt nach seiner besten Überzeugung und seiner Natur gemäß. Wer aber in eigennütziger Absicht, sei es für sich oder zum Besten einer Familie oder Kirche handelt, der handelt aus Aberglauben und zu einem unheiligen Zweck, und ein solcher Zweck kann auch das Werk nicht heiligen.*

ACHTZEHNTER GESANG

MOKSCHASANYASA YOGA
DIE ERLÖSUNG DURCH
HEILIGUNG UND ENTSAGUNG

Es gibt dreierlei Arten der Entsagung oder Verzichtleistung. Die Entsagung aus Selbst- liebe, die etwas Besseres zu erlangen hofft, als sie aufgibt. Ferner die wahre Entsagung aus Liebe zum Höchsten: Bei ihr kann von Verzichtleistung nicht die Rede sein, da in ihr kein persönlicher Wunsch mehr besteht, dagegen aber das Bewusstsein, das Höchste zu besitzen. Die dritte Art der Entsagung ist die Unterlassung aus Torheit.

Ardschuna.

1 Erkläre mir, o HERR des Himmels,
DU, dem alle Herzen froh entgegenschlagen,

das Wesen der Enthaltsamkeit (Sanyasam)
und was Tyaga, die Entsagung ist.

KRISCHNA.

2 Die Weisen sagen, dass Enthaltsamkeit darin bestehe,
dass man unterlässt ein Werk zu tun,
das die Begierde fordert.
Entsagung ist Verzicht auf jeden Lohn.
3 Drum lehren manche, gar nichts mehr zu tun, weil
alles Menschenwerk nur Torheit sei.
Und andere sagen, dass man Buße tun
und gute Werke stets vollbringen soll.[1]
4 So höre nun, o Tapfrer, was ICH dir erklären werde:
Dreifach ist die Art, in der sich die Entsagung äußern kann,
im Tun sowohl als auch im Unterlassen.

---

[1] »*Es ist eine unendliche Aufgabe, alle geistigen Kräfte dahin zu gewöhnen und zu erziehen, dass sie nichts anderes mehr als GÖTTLICHES wirken können, die ganze Naturanlage in ein gehorsames Werkzeug für das im Grunde der Seele lebendig gewordene Prinzip der Heiligkeit umzuwandeln*«. *(Eckhart.)*

5 Anbetung, Opfer und die edlen Werke
der Frömmigkeit
sind nicht zu unterlassen;
geschehen sollen sie ohn´ Unterlass.
Den Menschen dienen sie zur Läuterung.
6 Doch sollen alle diese Werke
stets selbstlos (in GOTTES Kraft
und GOTTES Namen)
und ohne Anspruch auf Verdienst geschehen. Das
ist mein unabänderlich´ Gesetz.[1])
7 Das Unterlassen eines Werkes,
das geschehen soll, ist unrecht;
wer das tut, vollbringt dadurch der
Nichterkenntnis Tat,
die aus der Tamas-Eigenschaft entspringt.
Wer das vermeidet, was geschehen soll,

---

[1]) »Die GOTTHEIT wirkt nur in sich und all IHR Wirken fließt in sich selbst zurück; was aus IHR ausgeht, bleibt doch vielmehr in IHR. So soll die Vernunft wirken. Sie darf nicht aus sich herausgehen, sie muss gegen alles Äußere verschlossen sein«. (Eckhart.)
In ähnlicher Weise wirkt auch die Sonne auf der Erde durch ihre Kraft, ohne aber selbst an den Wirkungen teil zu nehmen oder aus sich selber herauszutreten.

weil es ihm peinlich, oder nicht genehm,
der handelt eigenwillig;
Radschas ist der Quell, aus dem sein Unterlassen stammt. —

9 Wer aber das, was man vollbringen soll, vollbringt,
weil es vollbracht sein soll,
und sich um gar nichts, was das Werk ihm bringt, bekümmert,
der handelt in der Sattwa-Eigenschaft.[1]
10 Wer keinen Widerwillen hat,
ein Werk zu tun, das ihm nichts bringt,
und kein Verlangen, was ihm gute Früchte bringt, zu tun,
der ist entsagend, und er handelt recht.[2]

---

[1] *Der wahrhaft Weise hat nichts zu begehren, weil er bereits alles besitzt. Er hat auch nicht zu entsagen; denn die Entsagung setzt Selbstverneinung voraus, und da er sein »Selbst« als Nichts erkennt, so existiert auch in ihm nichts mehr, was verneint werden müsste. Deshalb sagt Johannes Scheffler: »Wie kann dich doch, o Mensch, nach etwas noch verlangen? Du hältst in dir ja GOTT und alle Welt umfangen«.*
[2] *Es ist hier nicht von einer blinden Gleichgültigkeit gegen Alles, sondern von der göttlichen Erhabenheit über Alles die Rede.*

11 Kein Mensch kann ganz und gar dem Tun
entsagen,
solang´ im Leib er auf der Erde lebt.
Wer aber auf die Früchte seiner Werke
von Herzen ganz verzichtet, der entsagt.[1])
12 Der Werke Früchte im zukünftigen Leben
sind dreifach,
nämlich die erfreulichen, die schlimmen
und gemischten;
aber wo kein Werk vollbracht wird,
da ist keine Frucht.[2])

---

[1]) »Wenn auch das innere Leben an sich selber das bessere ist, so ist doch zuweilen das äußere besser. Wenn ein Bedürfnis leiblicher Hilfe vorhanden ist, so ist es besser, dem Hungrigen Speise zu reichen, als sich derweilen in innerer Beschauung ergehen«. (Eckhart.)

[2]) Die reinen Seelen erfreuen sich im Devachan der Früchte ihrer guten Taten; die teuflischen bringen mit sich die Qual ihrer Bosheit; die aber, in denen das Gute die Macht über das Böse hat, die aber doch nicht alle unreinen Begierden abgestreift haben, werden im Kama Loka festgehalten, d. h. sie sind durch ihre Begierde (Kama) noch an das Niedere gebunden und können nicht ins Devachan eingehen, bis dass sie dieser unreinen Elemente entledigt sind. Aus dieser naturgemäßen Tatsache entsprang der falsche Begriff des orthodoxen Fegefeuers.

13 „Der Dinge fünf bedarf ein jedes Werk";
so lehrt die Sankhya Philosophie:
14 die Kraft zum Handeln und den Handelnden, das Werkzeug, dann das Tun und schließlich GOTT.
15 Was für ein Werk ein Mensch vollbringen mag, im Denken, Sprechen oder Handeln, ob es böse oder gut,
in jedem Fall geschieht es durch die Fünfheit dieser Elemente.[1]
16 Wer deshalb, wenn er etwas unternimmt, sich selbst als den alleinig Handelnden betrachtet, ist vom Selbstwahn geblendet;
er kennt die Wahrheit nicht und urteilt falsch.[2]
17 Doch wer von Selbstwahn frei
und unberührt von Eigennützigkeit ein Werk vollbringt, der schadet niemandem; er tötet nicht, wenn auch durch ihn ein Heer vernichtet würde.

---

[1] *Diese fünf Ursachen wurden schon von Theophrastus Paracelsus erkannt und beschrieben (Liber Paramirum. »De Entibus Morborum«.)*
[2] *Er unterscheidet nicht zwischen einem wahren, ewigen Wesen und den vergänglichen Kräften seiner Natur.*

18 Der Elemente drei sind Grund des Handelns:
Erkenntnis, das erkennende Gemüt und das Erkannte.
Auch gehört zum Werk die Tat, der Täter
und das Instrument.
19 Man sagt, dass die Erkenntnis, der Vollbringer
und auch die Handlung selbst in ihren Arten
dreifach verschieden seien.
Höre nun, was die verschiedenen Eigenschaften sind:
20 Das wahre Wissen, das aus Sattwa kommt,
ist's, wenn das eine Leben man erkennt,
das allen Dingen Leben gibt,
das Eine unteilbar im Geteilten offenbar.
21 Wer dieses EINE kennt, der hat auch alles darin erkannt;
wer vielerlei erkennt und dieses EINE nicht,
der kennt in Wahrheit noch nichts;
aus Radschas stammt sein scheinbar Wissen.[1]

---

[1] *Dieses scheinbare Wissen entsteht aus der Nichterkenntnis des eigenen wahren Wesens und durch die in den getrennten Formen entstandenen getrennten Bewusstseins- und Wahrnehmungstätigkeiten und Begierden.*

22 Und falsches Wissen ist es, wenn ein Mensch
mit ganzer Seel´ an einem Dinge hängt,
als ob dies eine alles sei.
Umnachtet von Tamas kennt er nicht des
Daseins Grund.[1]
23 Das rechte Tun ist Handeln, wie es das Gesetz
gebietet,
das begierdenlos, selbstlos
und nicht aus Neigung oder Hass geübt wird;
Sattwa ist sein lichter Quell.
24 Geboren aus Begierde ist die Tat,
wenn zur Erfüllung irgend eines Wunsches,
den man persönlich hegt, sie dienen soll.
Ein solches Tun hat Radschas Eigenschaft.
25 Doch wird im Unverstand ein Werk vollbracht,

---

[1] *Ein solcher Mensch opfert sich selber der leeren Form, dem äußeren Scheine, d. h. er identifiziert sich mit einer falschen Vorstellung, sei das seine eigene Selbstheit oder ein anderer Gegenstand.*
»Dass du nicht Menschen liebst, das tust du recht und wohl. Die Menschheit ist´s, die man im Menschen lieben soll. Wer in dem Nächsten nichts als GOTT und CHRISTUS sieht, der siehet mit dem Licht, das aus der GOTTHEIT blüht«. (Angelus Silesius.)

aus Torheit, ohne Rücksicht auf die Folgen,
unwissend, ob es schadet oder nützt,
so hat die Handlung Tamas Eigenschaft.
26 Von dem Vollbringer eines Werkes,
der erkenntnisvoll und frei von Habsucht ist
und nicht um Lohn sich kümmert, wird gesagt, er
wirke in der Weisheit Eigenschaft.
27 Und im Vollbringer, der begehrlich ist,
die Früchte seiner Werke zu erlangen,
den bald die Freude, bald das Leid erfüllt,
ist Leidenschaft das herrschende Prinzip.
28 Doch wer nachlässig, töricht, unentschlossen,
erkenntnislos und zweifelnd, ungeschickt,
betrügerisch und unberufen handelt,
der handelt in der Dummheit Eigenschaft.
29 Nun höre ferner noch von Mir
die Art der Unterscheidung von den Tätigkeiten des Intellekts,
die je nach ihrem Wesen
aus Sattwa, Radschas oder Tamas stammen.
30 Vom Sattwa-Licht ist der Verstand erleuchtet,
wenn er die Tätigkeit und Ruhe kennt,
begreift, was Furcht ist und Furchtlosigkeit,

und was die Seele bindet und befreit.
31 Doch wenn ihm unklar vor den Augen schwebt,
was Recht und Unrecht,
oder wenn er sieht, was Wahrheit ist,
und sie nicht fest ergreift,
so ist von Radschas Flammen er ergriffen.
32 Und wenn der Intellekt, in Nacht verhüllt,
die Lüge achtet und für Wahrheit hält,
wenn dem Verkehrten jedes Ding verkehrt erscheint,
so hat er Tamas Eigenschaft.[1]
33 Wahrhaft beharrlich ist Beharrlichkeit,
wenn man durch sie des Herzens eig'nen Trieb,
den Lebens-Atem und die Sinne meistert.
Dann wirkt die Kraft in Sattwa's Eigenschaft.[2]
34 Von Radschas ist Beharrlichkeit befleckt. Wenn man mit Festigkeit an Dingen hält,
die man begehrt,

---

[1] *»Die Seele kann erst dann GOTT wirklich erkennen, wenn sie selber GOTT wird«. (Eckhart.)*
[2] *Das innere Leben muss das äußere Leben beherrschen und nicht umgekehrt.*

und wenn man Werke schafft,
um deren Früchte selber zu genießen.
35 Doch eitler Starrsinn, der nicht weichen will, an Furcht und Torheit, Trübsal oder Zweifel gebunden ist
und liebt, was Schaden bringt,
der ist aus Tamas Finsternis geboren.
36 Nun höre noch von dem, was Freude bringt und Traurigkeit vertreibt,
sein dreifach Wesen:
37 Wahrhaft und gut ist jene Seligkeit,
die nicht vergeht. Am Anfang schmeckt sie bitter wie Galle, am Ende doch wie Nektar gut. Nimm sie; sie hat in sich die Sattwa Klarheit.[1])
38 Doch was am Anfang dir wie Nektar scheint und dann am Ende Gift (die Sinneslust, die aus Berührung mit der Sinneswelt entsteht), das wirkt in Radschas Eigenschaft.
39 Verderblich aber und am Anfang wie am Ende schlecht

---

[1]) »So lange du Leid in deinem Herzen hast, sei es auch um der Sünde willen, so lange liegst du noch in den Wehen, da bist du noch im Gebären. Ist die Geburt vollendet, so hört aller Schmerz auf und tritt die vollkommene Freude ein«. (Eckhart.)

ist das Vergnügen, das aus der Sünde und der
Torheit kommt;
in ihm ist Tamas dunkle Eigenschaft.
40 Es gibt auf Erden nichts, o teurer Prinz,
und nichts im Himmel und der Götterwelt,
das frei von diesen Eigenschaften wäre;
Aus ihnen bildet sich die Körperwelt[1]).
41 Die Pflichten nun der Geistlichen und Krieger,
der Ackerbauenden und Knechte
sind durch die drei Eigenschaften der Natur
bestimmt,
die diesem Wesen angehört.
42 Denn wer ein Geistlicher in Wahrheit ist,
ist ruhigen Gemüts und selbstbeherrscht,
von Herzen rein, geduldig und gelehrt,
und stets bestrebt, die Wahrheit zu erringen.
43 Des Kriegers Wesen ist die Tapferkeit,
aus seiner eigenen Natur geboren:
Ausdauer, Treue, Schlauheit, Festigkeit,
Entschlossenheit und Stärke, Edelmut.
44 Des Landmanns und des Kaufmanns Werke
gehen

---

[1]) *Siehe Sankaracharya, »Tattwa Bodha«.*

aus deren eigener Natur hervor.
Der Bauer pflügt das Land, der Kaufmann handelt,
und seinem Trieb gehorchend, dient der Knecht.
45 Und wer das Werk, zu dem ihn die Natur berufen hat,
mit Fleiß und Treue, was es auch sei, gewissenhaft erfüllt,
steigt sicher aufwärts zur Vollkommenheit,
46 und er gelangt zum Gipfel durch die Liebe; zum Guten, das des Lebens Quelle ist,
durch Andacht und durch Werke, wenn er IHN, DER dieses Weltall ausgebreitet hat, verherrlicht.[1])

---

[1]) *»Es gibt nichts Böses als den bösen Willen, dessen Erscheinungsform die Sünde ist. Das Wesen dieses bösen Willens ist das Haften am Endlichen, an der Eigenheit. Dass Endliches sei, ist auch GOTTES Wille; aber nicht, dass es sich vervollständige. Vielmehr soll das Endliche beständig sich aufgeben und in die göttliche Wesenheit zurückfließen«. (Lasson, »Meister Eckhart«). Durch dieses Zurückfließen der Eigenheit des Willens wird die Ruhe und der Frieden erlangt.*
Wer dem Gesetze seiner Natur folgt, sündigt nicht. Was aber im Tiere Tugend ist, kann im Menschen zur Sünde werden, da der Mensch zweierlei Natur in sich hat und nur der höheren Richtung folgen soll. Die Sünde ist aber auch nicht absolut böse; denn sie dient zur Belehrung, gerade so wie

47 Besser ist's, das eigne Werk,
wenn auch mit schwachen Kräften zu
vollbringen, in gutem Glauben,
als durch fremde Kräfte zum Werk getrieben,
Sklavendienste tun.
48 Wer seine Pflicht erfüllt, der sündigt nicht, wenn
auch sein Werk noch nicht vollkommen ist;
denn wie der Rauch vom Feuer steigt,
so ist auch alles Tun vom Irrtum nimmer frei.
49 So unterlasse nicht das Werk der Pflicht.
Nur der erlangt vollkomm'ne Freiheit,
der begierdenlos, im Geiste der Entsagung
sein Werk vollbringt
und keinen Lohn begehrt.[1]
50 Erfahre nun, o Sohn der Erde,
wie der Weise, der den wahren Frieden findet,

---

andere physische Leiden und Übel den Menschen den Wert der Gesundheit erst wirklich schätzen lehren.
[1] *Wer sich selber vergibt, dem sind alle Sünden vergeben. Wer seine Selbstheit verlässt, der verlässt damit auch alles, was mit dieser Selbstheit zusammenhängt. Wer GOTT hat, der hat in IHM alles. »Mit dem Verschwinden des bösen Willens werden auch dessen Sünden zu nichts«. (Eckhart.)*

Vollkommenheit in GOTT, das höchste Sein,
Daseins-Erkenntnis-Seligkeit erlangt:
51 Wer reinen Herzens und MIR ganz ergeben, zum
Guten fest entschlossen, selbstbeherrscht und frei
von Neigung und Abneigung ist,
52 im Mittelpunkt des Herzens einsam wohnt, von
wo in Liebe er das All betrachtet,
in allen Dingen immer mäßig ist,
den Leib, die Zunge, das Gemüt beherrscht,
53 von Ungeduld und Hochmut, Wollust, Zorn,
Selbstsucht und Habsucht frei,
an nichts mehr hängt,
was diese Erde und die Himmelswelt
ihm bieten könnten,
der wird Eins mit Brahma.[1]

---

[1] *Dieses Einswerden geschieht durch die geistige Wiedergeburt. »Dazu hat GOTT die Seele geschaffen, dass SEIN eingeborener Sohn in ihr geboren werde. Darum allein ist alle Schrift geschrieben und hat GOTT des Engels Natur und alle Welt geschaffen, dass GOTT in der Seele geboren werde. GOTT tut nichts anderes als SEINEN SOHN gebären, und in diesem Werke verzehrt ER alle SEINE Kraft. Der VATER liebt nichts als seinen SOHN und alles, was ER in dem SOHNE findet; nur darum, weil jeder von uns dieser SOHN werden kann, hat ER uns vom Ewigkeit geliebt. GOTTES*

54 Und Eins geworden mit dem GEIST des Alls,
erlangt sein Geist die ew´ge Ruhe.
Dort trauert er um nichts mehr
und verlangt auch nichts
und hat nach nichts mehr ein Begehren;
denn in ihm selbst ist Alles.
55 Geht er ein in MICH, so ist er Eins mit MIR,
und sein ist MEINE Größe, MEINE Macht,
MEIN Sein, MEIN Wesen, MEINE Weisheit,
MEINE Kraft.
56 Und wenn er auch als Mensch auf Erden
wandelt,
und auch im Erdenleib verkörpert wirkt,
so steht er dennoch fest in MEINER Gnade; durch
MEINE Stärke findet er sein Ziel.
57 Tu´, was du tust, im Geiste der Entsagung,
indem an MICH, den HERRN der Welt,
du denkst,
lass MIR für den Erfolg die Sorge;
denk´ an MICH und opfre MIR Gemüt und Herz.

SOHN ist der Seele Sohn, und darin hat GOTT und die Seele einen und denselben SOHN, nämlich GOTT«. (Eckhart.)

68 Vertrau auf MICH und leb´ in MEINEM Glauben;
Durch Glaubenskraft erringst du leicht den Sieg;
doch wenn du nur der eignen Kraft vertraust
und MICH nicht hörst, so wirst du untergehn.
59 Wenn du im Selbstwahn sagst:
„Ich will nicht kämpfen", betrügst du dich;
die eigene Natur durch ihre Eigenschaften
wird zum Kampf dich zwingen,
wenn du ihn auch nicht begehrst.
60 Was du, vom Schein betrogen, meiden möchtest,
das wirst du schließlich gegen deinen Willen
zu tun gezwungen werden,
durch die Kräfte, die sich im Innern deines Wesens regen.
61 Ein MEISTER wohnt im Innern der Geschöpfe,
ER hat im Menschenherzen SEINEN Thron. Durch SEINEN Willen leitet ER die Menschen zum Guten an.
SEIN Wille ist Gesetz.
62 In IHM nimm deine Zuflucht, deine Hilfe; gib dich IHM ganz aus voller Seele hin;
dann wirst durch SEINE Gnade du den Frieden,
des höchsten Daseins Seligkeit erlangen.

63 So hab´ ICH nun die tiefste aller Lehren,
das heilige Geheimnis dir erklärt.
Bedenke wohl, was du gehört
und wähle so wie du willst;
es steht die Wahl dir frei.[1])
64 Und nun noch einmal lass MICH dich ermahnen,
den Weg zu suchen, der zum Heile führt.
Du bist MIR teuer, darum will ICH dir
das heiligste Geheimnis offenbaren:
65 Lass MICH dein Herz verwalten,
opfre DICH in MEINEM Herzen auf
in festem Glauben; so wirst du sicherlich zu MIR
gelangen; das schwör ICH dir, denn sieh, du bist
MIR lieb.

---

[1]) *Die Freiheit des Willens besteht nicht darin, dass der Mensch seiner Selbstliebe gemäß handelt, denn in diesem Falle ist der Wille durch die Selbstliebe gebunden. Der Wille wird dadurch frei, dass er sich von den niederen Seelenkräften, die den Menschen beherrschen, emanzipiert.*
»Wäre man, was man sollte, so täte GOTT, was man wollte. Dich vermag niemand zu hindern, als du dich selber, und deshalb ist diese Gnade allen nahe und ist eigentlich schon in allen«. (Eckhart.)

66 Lass alle Formen und Gebräuche fahren,
und komm zu MIR, als deinem Zufluchtsort, Von
allem Übel werd´ ICH dich erlösen.
Sei Eins mit MIR und fürchte dich nicht mehr.

67 Das ist die Lehre;
aber sie ist nicht bestimmt für jene,
die nicht glauben können,
auch nicht für die, die keine Ehrfurcht haben, noch
für die Eiteln und die Lästerer.[1])

68 Wer aber dieses heilige Geheimnis,
das heiligste von allen, jene lehrt,
die MICH verehren wollen,
kommt zu MIR und opfert MIR das beste
aller Werke.

---

[1]) *Um die »Bhagavad Gita« richtig zu lesen und zu verstehen, dazu genügt weder das Irrlicht des auf Befriedigung der Neugierde gerichteten Intellektes, noch das rauchende Kirchenlicht einer auf Egoismus gegründeten »Religion«, sondern es gehört dazu das Licht der inneren Erleuchtung, das nur jenen Wenigen zuteil wird, die die Weisheit um ihrer selbst willen lieben und sich Ihr ergeben, weil eben dieses Licht der Ausfluss der göttlichen Liebe durch die Sonne der Weisheit, die durch den guten Willen bedingte Selbsterkenntnis GOTTES im Menschen ist.*

69 Es kann MIR niemand bessern Dienst erweisen;
ein solcher Mensch ist MIR vor allem lieb.
Durch seinen Mund verkünd´ ICH meine Lehre;
und niemand wird MIR teurer sein als er.
70 Und auch wer dieses heilige Gespräch
mit Andacht liest und sich erbaut,
der bringt MIR ein willkommnes Opfer dar
und ist MIR teuer.
Ja, so soll es sein!
71 Wer dieser Lehre glaubensvoll vertraut,
mit Weisheit ihren tiefen Sinn durchschaut
und treulich sie befolgt,
der geht beim Tode zur höchsten Seligkeit
und Ruhe ein.
72 Hast du, o Prinz, das alles nun genau
vernommen und verstanden:
ist dein Herz von Sorgen frei,
und ist die Dunkelheit, die dein Gemüt
belastete, verschwunden?

Ardschuna.

73 Vernommen hab´ ich es, o HERR des
Himmels,

ich traure nicht mehr,
DEINE Gnade hat mein Herz erleuchtet,
mein Gemüt verklärt.
Verschwunden sind die Zweifel,
klar die Wahrheit,
und was DEIN Wort befiehlt, das will ich tun.

Sandschaya.

74 Das ist das wunderbare Zwiegespräch
des HERRN des Himmels mit dem Sohn
der Erde,
so wie ich es erlauschte.
Heiliger Schauer durchbebte mir, als ich's
vernahm, das Herz.
75 Durch GOTTES Gnade, nicht aus eig'ner Kraft
vernahm ich es,
das heilige Geheimnis, die Yoga-Lehre,
von dem Herrn des Yoga gelehrt.
So wurd' es mir geoffenbart.
76 Und jedes Mal, so oft ich daran denke,
erfüllt ein heller Jubel meine Brust.
Und groß ist meine Freude,
unaussprechlich die Seligkeit, die mein Gemüt

durchdringt.
77 Was ich empfand, das kann ich nicht beschreiben,
als ich den HERRN des Himmels sichtbar sah.
Anbeten nur und staunen kann der Mensch, wenn
sich das Licht der GOTTHEIT offenbart.

78 Wo immer KRISCHNA, Herr des Yoga, waltet,
und ihm Ardschuna dient,
da ist der Sieg gewiss;
da fehlt es nicht an Glück und Segen;
da ist die Kraft und Freiheit; das steht fest.

ENDE

Weitere Bücher aus dem Christof Uiberreiter Verlag:

Das goldene Blatt der Weisheit
Seila Orienta/Franz Bardon

Zum ersten Mal in der okkulten Literatur wird die 4. Tarotkarte des Hermes Trismegistos verständlich beschrieben und offengelegt. Sie beinhaltet unbekannte Konzentrations- und Meditationsübungen. Des Weiteren gibt sie Hinweise und erklärt die Unterschiede zwischen Magie und Mystik und Gefahren des einseitigen Weges. Am Ende steht die Verbindung mit der universellen Gottheit, dem Herrn der Sonnensphäre, welcher quabbalistisch „Metatron" genannt wird.

*

5. Tarotkarte – Mysterien des Steins der Weisen
Seila Orienta/Franz Bardon

Dieses Buch stellt die Vorderseite der Alchemie dar, die die einzelnen praktischen Übungsschritte erklärt, ohne die verschlüsselten Mystifikationen der alten Alchemisten auch nur annähernd zu erwähnen, wie man es aus den anderen Büchern des Franz Bardon kennt. Es wird erklärt, dass ohne vollkommene Beherrschung der 4 Elemente keine Alchemie möglich ist. Des Weiteren wird mit den einzelnen Ebenen, mit den Matrizen, dem elektromagnetischen Fluid usw. gearbeitet. Doch den Hauptpunkt stellen die göttlichen Eigenschaften wie z. B. die Allmacht dar, mit denen der Göttliche Stein der Weisen durch gewisse Übungen geladen wird.

*

Talismanologie und Mantramkunde
Seila Orienta/Franz Bardon

Zum ersten Mal werden hier (magisch) geladene Mantrams – Gebetssätze – preisgegeben, welche bei nötiger Reife, Ausgeglichenheit und Reinheit durchdringende Erfolge versprechen. Mantrams sind ja nach Bardon nicht irgendwelche „Suggestionssätze", sondern sie sind Ideenausdrücke, mit denen man mit Mächten, Kräften, Eigenschaften, also Gottheiten, in Verbindung kommen kann. Gleichzeitig werden die dazugehörigen Siegelzeichen der göttlichen Ideen preisgegeben, welche im rituellen

Zusammenhang mit den Mantrams stehen. Ein Buch, das nicht nur die Hermetiker, sondern auch die Anhänger der Yogawissenschaften inspirieren wird!

*

Eine Sammlung der schönsten und lehrreichsten Beschwörungsgeschichten
Hohenstätten

Dieses Buch ist einzigartig, denn es zeigt den zweiten Band von Franz Bardon an Hand von interessanten Evokationsberichten, die genau das bestätigen, was Bardon in seinem Buch geschrieben hat, und noch darüber hinaus. Es werden sensationelle Erlebnisse geschildert, die man sonst niemals findet. Auch aus unveröffentlichten Schriften wird zitiert.

*

Verkörperungen des Meister Arion
Hohenstätten

Man wird beim Lesen dieses Buches nicht glauben, wie viele bekannte und unbekannte Inkarnationen Franz Bardon hatte. Die paar, die im „Frabato" bekannt gegeben wurden, stellen nur einen geringen Teil seiner Verkörperungen dar. Wir mussten, da es dermaßen wenig Literatur über die Verkörperungen gab, wieder Hunderte und Aberhunderte von Büchern, Aufsätzen, Zeitschriften und Artikeln durcharbeiten, bis wir genügend Material für dieses Buch hatten. Aber der Leser wird sich beim Lesen sicherlich über unsere Arbeit freuen, denn sie wird ihn in Erstaunen versetzen!

*

Shamballa, der goldene Tempel des Lichts
Hohenstätten

Dieser Tempel dürfte jeden Leser von Bardons Roman „Frabato" fasziniert haben. Dass es aber in der okkulten Literatur noch viel mehr Informationen darüber gibt, die man aber nur findet, wenn man alles Veröffentlichte gelesen hat, dürfte dem einen oder anderen unbekannt sein. Es wurden wieder ganze Stöße von Büchern durchgesehen und das Ergebnis wird hier veröffentlicht. Es wird aber gleichzeitig darauf hingewiesen, wie viel Schundliteratur es darüber gibt, wie viel Lügen im Umlauf sind, damit sich der Schüler der Hermetik ein klares Bild machen kann. Wir bringen in diesem Buch alles, was wir an Material darüber gefunden haben, und es wird auch noch einiges aus der eigenen Erfahrung, was das Wertvollste ist, mitgeteilt. Nicht nur über den Tempel wird berichtet, sondern auch über die damit verbundene „Bruderschaft des Lichts", deren Sitz er darstellt.

*

Auf der Suche nach Meister Arion
Hohenstätten

Diese Autobiographie eines Schülers der Hermetik des Franz Bardon schildert sein magisches Leben, in welchem zahlreiche Erfahrungen zu den Übungen aus dem Adepten geschildert werden, die die Hauptperson selbst erlebt hat. Es wird der schwere Weg des Adepten aus autobiographischer Sicht gezeigt, seine vielen Tiefschläge, aber auch seine glanzvollen Seiten und Zeiten. Der harte Kampf mit dem Seelenspiegel wird bis in alle Einzelheiten aufgezeigt, genauso wie die vielen anderen Wege, in welche der Autor reinschnupperte, um dadurch reichlich Erfahrung sammeln zu können. Darüber hinaus enthält es unzählige Erfahrungen und Berichte betreffs Mantramistik nach Bardon, die wahre Runenmagie, zahlreiche Evokationen sowie Invokationen mit seinem Lehrer Anion, einen magischen Exorzismus, wie er bisher noch nie öffentlich geschildert wurde. Mentalreisen, Beeinflussungen, Übungen zur Gottverbundenheit, Erscheinungen, Alchemie, Heilungen mit den verschiedensten magischen Methoden z. B. Quabbalah oder durch die Elemente, Schutzgeistevokationen und viele andere magische „Wunder" seines Freundes und Lehrers Anion. Auch einige magische Fotos in Farbe, ein bisher von Bardon unveröffentlichtes Akashafoto von Christus und ein Bild des schwebenden Meister Arion werden in diesem Buch preisgegeben. Der Inhalt ist viel reichlicher, als hier kurz beschrieben werden kann.

*

Magisches Gleichgewicht
Hohenstätten

Dieses Buch zeigt eindeutig, dass in allen anderen Systemen das „Gleichgewicht" genauso gebraucht wird, wie bei Bardons Werken. Er war nicht der Einzige, der das erwähnte, aber er war der erste, der es deutlich erklärte, denn die anderen Systeme sprachen nur durch das Symbol, welches nicht jedem Leser verständlich war. Obendrein bringen wir noch Unveröffentlichtes vom Meister Arion zu dieser Grundlage der magischen

Entwicklung.

*

Das Leben und die Erfahrungen eines wahren Hermetikers
Seila Orienta

Diese Autobiographie eines Magiers ist unübertroffen, denn bis jetzt hat kein einziger okkult Geschulter so offen und ehrlich gesprochen wie Seila Orienta. Er gibt in diesem Werk sein Leben bekannt, sowie seine zahlreichen und äußerst interessanten Erlebnisse und Erfahrungen. Es werden auch zum ersten Mal Fotos von Wesen der Sphären gezeigt, welche Franz Bardon höchstpersönlich in den 1920ern gemacht hat. Des Weiteren schreibt Seila Orienta über die Sphären, über Dämonen, Logenkontakte und vieles, vieles mehr, was einem ehrlich strebenden Hermetiker das Herz übergehen lassen wird.

*

Das Leben des Franz Bardon
Hohenstätten

Dieses Buch beschreibt das Leben des Meisters außerhalb des Frabatos, welches seine Sekretärin – Otti V. – geschrieben hat. Es beinhaltet Erklärungen zu seiner „Biografie", weitere Einzelheiten über den Kampf mit der FOGC, seine Beziehung zu Wilhelm Quintscher und anderen Okkultisten, was alles bisher unbekannt war! Des Weiteren werden viele Erlebnisse seiner Schüler in Prag erzählt, verschiedene magische Leistungen und interessante Geschichten Bardons beschrieben, die bis dato unveröffentlicht sind. Es werden auch seine drei Lehrwerke und deren Wirkung auf die Öffentlichkeit von einem anderen, unbekannten Standpunkt geschildert, welcher durch bisher schwer zugängliche Schriften unterstützt wird. Als Krönung wird seine aus dem Tschechischen übersetzte „Runenschrift" zum ersten Mal veröffentlicht. Auch einige Seiten aus anderen unveröffentlichten Schriften von ihm sowie interessante Fotos des Meister Bardon und seiner Freunde werden hier preisgegeben und vieles, vieles mehr.

*

In Verbindung mit der Gottheit
Hohenstätten

Über das Thema der Gottverbundenheit mit all seinen Formen und

Methoden wurde bis heute noch nie ein Buch verfasst, geschweige denn eine Schrift geschrieben. Man findet in der okkulten wie in der östlichen Literatur nur spärliche Hinweise, die größtenteils verschlüsselt sind oder so geschrieben wurden, dass man sie kaum versteht. Im Gegensatz dazu wird in diesem Buch offen dargelegt, dass das 1. kleine Arkanum der 78 Tarotkarten die Gottverbundenheit in ihrer Reinform darstellt.

*

Hermetische Heilmethoden
Hohenstätten

Dieses Buch stellt in der okkulten Literatur ein absolutes Unikum dar, denn über die Gesamtheit der okkulten Heilmethoden wurde bis jetzt noch NIE etwas Sinnvolles geschrieben. Es werden alle Heilmethoden erwähnt, die der hermetische Schüler mit Hilfe seiner bisher erlangten Konzentrationsfähigkeit ausüben und verwenden kann.

*

Erste hermetische Zeitschrift

„Der hermetische Bund teilt mit" ist eine der wenigen magisch-mystischen Zeitschriften, welche sich soweit als möglich auf die universelle Lehre von Franz Bardon bezieht. Sie versucht sich an die Gesetze des 4-poligen Magneten zu halten und vermittelt Wissen sowie Hinweise für die Praxis, damit der Leser die Möglichkeit hat, sie in seinen hermetischen Weg aufzunehmen und für sich gewinnbringend zu verarbeiten.

Noch viel mehr hermetische Literatur finden Sie auf unserer Website:
http://www.hermetischer-bund.com.

Viel Vergnügen beim Stöbern!

Der Verlag